Louis Christiani

Der heilige Pfarrer von Ars

Johannes Maria Vianney, wie er wirklich war

Louis Christiani

Der heilige Pfarrer von Ars

Johannes Maria Vianney, wie er wirklich war

paulinus

Die Deutsche Bibliothek - CIP - Einheitsaufnahme
Die Deutsche Bibliothek verzeichnet diese Publikation in der Deutschen Nationalbibliografie; detaillierte bibliografische Daten sind im Internet unter http://dnb.ddb.de abrufbar.

15. Auflage 2009

Deutsche Lizenzausgabe des französischen Originals:
„Saint Jean-Marie Vianney - Curé d' Ars", Librairie Pierre Téqui, Paris
Übersetzung: Johann Josef Zimmer, französische Originalausgabe
Umschlagabbildung: Icône des ateliers saint Jean Damascène,
© Sanctuaire d'Ars
Gestaltung, Satz & Herstellung: Adriana Walther, Paulinus
ISBN 978-3-7902-1633-2

Bestellungen über:
die KSM - Katholische Schriftenmission, Leutesdorf oder
Paulinus Verlag GmbH | Maximineracht 11 c | 54295 Trier
Telefon 0651 /4608-121 | Telefax 0651 /4608-220
E-Mail: media@paulinus.de
www.paulinus.de

Inhalt

Einführung

Was ist am Pfarrer von Ars schon besonders? Diese Frage stellten sich die Priester des Dekanates zu dem das kleine Dörfchen Ars gehörte. Sie mussten erleben, dass jährlich tausende von Menschen jeden Standes nach Ars kamen, um beim Hl. Pfarrer von Ars zu Beichten, die Messe mit ihm zu feiern, die Predigt zu hören und an seinem Katechismusunterricht teilzunehmen. Sicherlich kann man diese Frage stellen. Erst mit 19 Jahren hatte der Bauernsohn Johannes Maria Vianney beim Pfarrer von Ecully, Charles Balley, mit ordentlichen Studien begonnen. Im Oktober 1813 trat er ins Seminar in Lyon ein. Aber nach kurzer Zeit wurde er mit der Note „zu schwach" wieder nach Hause geschickt. Nur dem Einsatz von Pfarrer Balley verdankte er es, dass er am 13. August 1815 in Grenoble durch den dortigen Bischof zum Priester geweiht wurde. Allerdings ohne die Erlaubnis, die Heilige Beichte zu hören.

Was war also an diesem Priester besonders?

Die Aussage eines Arspilgers fasst die Erfahrung der Menschen in Ars zusammen: „Ich habe Gott in einem Menschen gesehen".

Wir sind heute rationaler und nüchterner und tun uns schwer mit solchen Aussagen. Aber im Grunde genommen sollte dies wenigstens in abgeschwächter Form für jeden Priester gelten. Die Priesterweihe ist keine religiös-geprägte Beauftragung zum Dienst in der Kirche, sondern ein Sakrament. In ihm ist der eigentlich Handelnde Christus selber. Das Zweite Vatikanische Konzil besagt im Dekret über Leben und Dienst der Priester im Bezug auf das Sakrament der Priesterweihe:

„Dieses zeichnet die Priester durch die Salbung des Heiligen

Geistes mit einem besonderen Prägemal und macht sie auf diese Weise dem Priester Christus gleichförmig, so dass sie in der Person des Hauptes Christus handeln können." Die Sakramentalität des Amtes ist nicht nur eine Rolle, in die der Priester etwa bei der Hl. Messe schlüpft, sondern sie prägt sein ganzes Leben. Als ich mich 1974 auf den Weg zum Priestertum machte und mit dem Theologiestudium begann, war man mit solchen Aussagen zurückhaltend. Nach dem Konzil standen die Gedanken der Kirche als „Communio" und das allgemeine Priestertum aller Gläubigen im Zentrum. Man versuchte alles zu vermeiden, was eine besondere Heraushebung des Priesterstandes bedeuten könne. Im Grunde genommen hat nach dem Konzil eine große Identitätskrise der Priester begonnen und man sucht bis heute, wie es heißt, nach einem neuen Priesterbild. Der Hl. Pfarrer von Ars hat mir in sehr einfacher Weise gezeigt, was es heißt, als Priester zu leben. Der Hl. Franz von Sales sagte einmal, „zwischen dem geschriebenen Wort des Evangeliums und dem Leben der Heiligen ist kein anderer Unterschied als zwischen den Noten einer Musik und ihrer Aufführung." So kann dieser einfache Landpfarrer von Ars, der sich selbst als ungebildet und unfähig zum Priesteramt bezeichnete, gerade auch heute Priestern einen schlichten Weg zeigen, wie sie das in ihrem Leben verwirklichen können, was mit ihnen in der Priesterweihe geschehen ist und was sie selber durch ihr Ja-Wort versprochen haben.

Pfarrer Heinrich Ant,
Barweiler

Die Zeiten sind ernst geworden

In Frankreich ist die Revolution ausgebrochen. Eine gottlose Minderheit hat über Nacht die Macht an sich gerissen und den Königsthron gestürzt. Das ganze Land steht in hellem Aufruhr. Bis in die Dörfer wirkt sich die Revolution aus. Das Jakobinertum feiert Triumphe. Jahrelang. Wer nicht dachte und handelte, wie die Jakobiner wollten, war seines Lebens nicht mehr sicher.

Am schlimmsten wurden die Priester verfolgt, eingekerkert, und viele von ihnen mussten um des Glaubens willen ihr Leben lassen. Die Kirchen wurden geschändet, und die Gottlosigkeit wurde zur Staatsreligion erhoben.

Zehn Jahre lang hielt dieser Zustand an. Dann griff der korsische General Napoleon ein und nahm die Staatszügel in seine Hände.

Zum großen Ärger der Jakobiner und aller anderen Freigeister im Lande war er bestrebt, den Frieden mit der Kirche wiederherzustellen, nachdem er einigermaßen die Ordnung im Lande gesichert wusste.

Napoleon setzte sich durch: als Erster Konsul Frankreichs unterzeichnete er bereits am 16. Juli 1801 das Konkordat mit dem Heiligen Stuhl. Die gesetzgebende Versammlung ratifizierte dieses am 5. April 1802, und am folgenden 18. April trat es in Kraft. Jenes Konkordat, das auch heute noch seine Gültigkeit in Elsass-Lothringen hat. Die französische Regierung verpflichtete sich im Jahre 1918 feierlich, das Konkordat in diesem Landesteil auch weiterhin zu respektieren, nachdem es eine kirchenfeindliche Regierung in den Jahren 1903 und 1904 für das übrige Frankreich aufgehoben hatte.

Als die Revolution ausbrach, war Johannes Maria Vianney drei Jahre alt. Als viertes Kind der Eheleute Matthias Vianney und Maria, geborene Beluse, wurde er am 8. Mai 1786 in Dardilly, acht Kilometer nordwestlich von Lyon, geboren. Er hatte zwei Brüder und drei Schwestern. Seine Eltern waren durch ihr echt christliches Leben und ihre Mildtätigkeit gegenüber den Armen bekannt. Mutter Vianney war eine Frau, die es verstand, ihre Kinder von frühester Jugend an für Gott zu erziehen. Johannes Maria sagte von ihr: „Wenn ich so beten gelernt habe, dann verdanke ich es nach Gott meiner Mutter. Sie war eine kluge Frau. Wie leicht strahlt doch das Tugendleben der Mutter auf die Kinder aus. Ein Kind, dem das Glück zuteil wird, eine gute Mutter zu haben, kann nicht zu ihr emporschauen und an sie denken, ohne tief gerührt zu sein."
Und wie nötig es in diesen Zeiten für ein heranwachsendes Kind war, eine gute Mutter zu haben, sollte sich auch in Dardilly zeigen: Johannes Maria war vier Jahre alt, als die revolutionäre Regierung von den Geistlichen die Ablegung eines Regierungseides forcierte. Fünf Jahre war er alt, als auch der Pfarrer von Dardilly – ob aus Schwäche oder Irrtum, das blieb unbekannt – diesen Eid ablegte, den die Kirche verboten hatte. Später widerrief dieser Geistliche den Eid, trat von seinem priesterlichen Amt zurück und begab sich nach Lyon, um anschließend nach Italien auszuwandern.
Als Nachfolger kam ein Pfarrer nach Dardilly, der sich der revolutionären Regierung unterworfen und den von der Kirche verbotenen Eid abgelegt hatte. Anfänglich wussten die Eltern Vianney ebensowenig wie viele andere Leute in Dardilly, dass es sich um einen abtrünnigen Priester handelte. Als sie das aber feststellen, besuchten sie die heilige Messe nicht mehr, wenn dieser Geistliche sie hielt.

An verfolgten Priestern fehlte es in dieser Zeit nicht. Sie zogen heimlich von Ort zu Ort, klärten das Volk auf, und in Scheunen oder auf Speichern feierten sie heimlich das heilige Messopfer. Auch im Hause Vianney wurden diese Geistlichen immer wieder aufgenommen, beköstigt und beherbergt. Öfters feierten solche Priester dort die heilige Messe.
Anfang 1795 kam ein Lehrer Dumas nach Dardilly und sammelte die schulpflichtigen Kinder um sich, nachdem sich jahrelang niemand um diese gekümmert hatte. Unter den Kindern befand sich auch Johannes Maria. Er war ein solch aufmerksamer Schüler, dass er den anderen immer als Vorbild vor Augen gestellt wurde. Seine größte Freude war es, wenn er zu Hause seinen Eltern und Geschwistern aus einem Heiligenleben laut vorlesen durfte oder seinen jüngeren Geschwistern erzählen konnte, was er im Religionsunterricht gelernt hatte. Drei Jahre lang ging Johannes Maria bei diesem Lehrer in die Schule.
Im Mai 1798 sollte sich ein großer Wandel im Leben dieses heranwachsenden Jungen vollziehen: Unter dem Deckmantel, Handwerker aus verschiedenen Berufen zu sein, gelang es vier Priestern, sich heimlich in Ecully niederzulassen, um von dort aus in der ganzen Umgebung die Seelsorge in den verwaisten Pfarreien, so gut es die Umstände zuließen, auszuüben.
Einer dieser Geistlichen namens Groboz, der sich als Koch ausgab, kam eines Tages auch in das Haus Vianney in Dardilly. Er segnete die Kinder der Familie Vianney. Dabei fiel ihm besonders der kleine Johannes Maria auf, der ihn leuchtenden Auges anschaute. Er fragte ihn:
„Wie alt bist du?“
„Elf Jahre, mein Herr!“
„Wann hast du denn das letzte Mal gebeichtet?“

„Ich habe noch nie gebeichtet.“
„Dann komm her: wir wollen das gleich besorgen.“
Gesagt – getan: unser Johannes Maria kniete nieder, hörte aufmerksam zu, was der fremde „Herr“ ihm sagte, und tat nach dessen Worten, das heißt er beichtete.
„Ich werde diesen Tag niemals in meinem Leben vergessen“, erzählte Johannes Maria in seinem späteren Leben: „Es war in unserem Hause: ich kniete dort auf dem Boden, wo die Uhr an der Wand hängt.“
Bevor der Priester das Haus verließ, bat er die Eltern, ihren Sohn regelmäßig nach Ecully zu zwei Damen zu schicken, die den Kindern Religionsunterricht erteilten, damit diese ihn auf seine erste heilige Kommunion vorbereiteten.
Der Bitte des Priesters kamen die Eltern umso lieber nach, als Johannes Maria in Ecully eine Tante hatte. Es war die Familie Humbert. Bei dieser blieb er einige Zeit.
Die beiden „Damen“, die den Religionsunterricht hielten, waren Schwestern vom heiligen Karl Borromäus, durften aber ihr Ordenskleid nicht tragen. Sie bereiteten fünfzehn Kinder aus Ecully und den Nachbarorten auf die erste heilige Kommunion vor. Johannes Maria Vianney fiel durch sein gesammeltes Wesen allgemein auf. „Schaut ihn euch nur an!“ sagten die Jungen zueinander, wenn sie von Johannes Maria sprachen, den sie den „Dicken“ nannten.
Einer von ihnen erklärte in seinem späteren Leben: „Schon damals erblickten wir in ihm einen heiligen Jungen.“
Im Juni 1799 empfing der kleine Vianney die erste heilige Kommunion. Aber es durfte nicht öffentlich geschehen. In einem Privathaus zu Ecully, bei verschlossenen Läden, fand die Feier statt, während draußen die Heuwagen heranfuhren und Heu abgeladen wurde.

Als Johannes Maria Vianney später Priester war, schrieb er über seinen Erstkommuniontag: „Wenn man kommuniziert, empfindet man etwas Außergewöhnliches … Eine Freude und Glückseligkeit durchströmt das ganze Wesen und lässt einen aufjubeln … Mit dem heiligen Johannes können wir dann ausrufen: ‚Es ist der Herr!' O mein Gott, welch eine Freude für einen Christen, der von der Kommunionbank aufsteht und den ganzen Himmel mit sich in seinem Herzen trägt! … "
Noch fünfzig Jahre nach dem Tag seiner ersten heiligen Kommunion zeigte er den Kindern von Ars seinen Rosenkranz, den er an diesem Tag um seine Hände gewunden hatte. Nie vermochte er von jenem großen Tag zu sprechen, ohne tief gerührt zu sein.

„Ich will Priester werden"

Wie für jeden anderen Landjungen hieß es auch für Johannes Maria Vianney, überall mit anzupacken, wo es nötig war. Er musste mit Vater und Mutter auf das Feld und in die Weinberge und lernte so, wie man im Schweiße seines Angesichtes schon als Junge sein Brot verdient.
Gebet und Arbeit waren für den vierzehn- bis fünfzehnjährigen Jungen der Inhalt seines Lebens. Seine Verehrung der Gottesmutter war besonders groß. Im Laufe des Jahres 1802 sagte er eines Tages zu seiner Mutter: „Wenn ich Priester werden könnte, möchte ich viele Seelen retten."
Wie aber sollte das geschehen? Johannes Maria hatte nur eine sehr lückenhafte Volksschulbildung, ganz zu schweigen davon, dass er kein Wort Latein gelernt hatte. Wie sollte er, der Sohn einfacher Landleute, die in ganz bescheidenen Verhältnissen lebten, das nachholen? An wen sollte er sich wenden?

Und dennoch: eine innere Stimme ließ Johannes Maria keine Ruhe. In ihm wurde das Verlangen, Priester zu werden, immer größer. Priester wollte er werden, um Seelen zu retten. Etwas Schöneres konnte er sich nicht denken. Sooft er seiner Mutter von diesem Gedanken sprach, war er tief gerührt. Wagte er es aber, seinem Vater von seinen Absichten zu sprechen, dann stieß er auf die schärfste Ablehnung: „Dummes Zeug! Womit soll ich dich denn studieren lassen? Ich habe kein Geld dafür!"

Doch Gottes Wege sind nicht der Menschen Wege. Das sollte Vater Vianney recht bald erfahren. Nach der Aussöhnung zwischen Kirche und Staat in Frankreich konnten die einzelnen Pfarrstellen wieder mit Priestern besetzt werden.

Zum Pfarrer von Ecully wurde Balley ernannt, einer der vier Priester, die während der Revolutionswirren dort heimlich gewirkt und auch die Dörfer der Umgebung seelsorglich betreut hatten. Der neue Pfarrer von Ecully – vor der Revolution Ordenspriester – war ein sehr gebildeter Mann und ein vorbildlicher Seelsorger. Er sollte Gottes Werkzeug sein, das Johannes Maria Vianney, ungeachtet aller Hindernisse, zum Priestertum führte.

Kaum hatte Pfarrer Balley sein Amt in Ecully angetreten, war er bestrebt, möglichst viele Priesterberufe zu wecken. In seinem Pfarrhaus eröffnete er eine Pfarrschule, in die er zunächst zwei bis drei Jungen aufnahm und sie in die höheren Studien und die lateinische Sprache einführte.

Als der junge Johannes Maria Vianney das erfuhr, bestürmte er seine Mutter, den väterlichen Widerstand zu brechen und auch ihn in die Schule des Pfarrers Balley nach Ecully gehen zu lassen. Aber seine Geduld wurde auf eine harte Probe gestellt: erst nach zwei Jahren gab Vater Vianney nach und erteilte seinem Sohn die Erlaubnis.

Jetzt musste vor allen Dingen Pfarrer Balley seine Zustimmung geben, da es sich um einen jungen Mann von neunzehn Jahren handelte, der praktisch kaum etwas gelernt hatte. Aber das war rascher gesagt als getan.

Eines Tages machte sich Mutter Vianney auf den Weg nach Ecully und ging zu ihrer Schwester, Frau Humbert, die dort verheiratet war. Beide Frauen begaben sich zu Pfarrer Balley und trugen ihm schüchtern ihr großes Anliegen vor. Er hörte sie an und sagte: „Ich bin ohnehin schon überlastet und kann keinen Schüler mehr annehmen."

Als die beiden Frauen sich nicht abweisen ließen und immer wieder inständig baten, er möge doch eine Ausnahme machen, gab der Pfarrer entschieden zur Antwort: „Nein! Nein! Ich kann einfach nicht."

Mutter Vianney und ihre Schwester aber wollten nicht nachgeben. Sie suchten ihren Schwager Melin in Ecully auf und baten diesen, er möge sich doch bei Pfarrer Balley für den jungen Johannes Maria verwenden und seinen ganzen Einfluss geltend machen, um den Pfarrer umzustimmen. Aber auch dessen Vermittlung stieß auf Widerstand. Schließlich wandte Herr Melin ein: „Aber hören Sie doch, Herr Pfarrer, darf ich einen Vorschlag machen? Gestatten Sie, dass Johannes Maria sich einmal bei Ihnen vorstellt? Ich bin sicher, wenn Sie ihn sehen, dann lassen Sie ihn nicht mehr gehen ... "

„Nun ja, gut, schicken Sie ihn mir einmal her!" Freudestrahlend ging Herr Melin heim und berichtete seinen beiden Schwägerinnen, was er erreicht hatte.

Johannes Maria Vianney stand schon wenige Tage später vor Pfarrer Balley. Dieser war von dem jungen Mann so beeindruckt, dass er nicht länger widerstehen konnte. Er stellte ihm alle möglichen Fragen und konnte schließlich nicht anders, als auszurufen: „Ich nehme Sie auf ... Und seien Sie ganz unbesorgt, mein lieber Freund, ich werde alles für Sie tun und mich für Sie opfern, wenn es sein muss."

Pfarrer Balley hielt Wort.

Nun begann dieser junge Mann mit 19 Jahren all das nachzuholen, was ihm in seinen Kindheitstagen nicht zu lernen vergönnt war. Er war intelligent und aufgeschlossen, hatte aber ein außerordentlich schlechtes Gedächtnis.

Dieses mangelhafte Gedächtnis erwies sich für das Erlernen der lateinischen Sprache als ein überaus großes Hindernis. Ungeachtet aller Anstrengungen wollte es Johannes Maria nicht glücken, die lateinische Grammatik zu behalten. Ja, es

schien, als sei Latein für ihn ein Buch mit sieben Siegeln. Auch all sein Beten half nichts. Seinen Mitschülern schien das rätselhaft. Was für sie ein Kinderspiel war, erwies sich für Johannes Maria Vianney als unüberwindliches Hindernis. Schließlich nahm der begabteste seiner Mitschüler, ein gewisser Matthias Loras, sich seiner besonders an. Aber auch das nützte nichts. Loras geriet eines Tage so in Aufregung, dass er seinen Mitschüler ohrfeigte, weil dieser die elementarsten Grundlagen des Latein nicht erfassen konnte.
Wie groß aber war das Erstaunen des zwölfjährigen Loras, nachdem er seinen zwanzigjährigen Mitschüler geohrfeigt hatte, dass dieser sich vor ihm niederkniete und um Verzeihung bat. Das beeindruckte ihn so sehr, dass er Johannes Maria umarmte, an sein Herz drückte und eine Freundschaft mit ihm schloss, die zeitlebens nicht mehr enden sollte. Matthias Loras wurde Missionar, ging nach Amerika und wurde später Bischof. Er führte ein so heiliges Leben, dass nach seinem Tod sein Seligsprechungsprozess eingeleitet wurde.
Es kam schließlich soweit, dass Johannes Maria Vianney an sich selbst zweifelte und glaubte, er könne es unmöglich schaffen, einmal die lateinische Sprache zu beherrschen. So schwer es ihm auch fallen mochte, eines Tages fasste er sich ein Herz, ging zu Pfarrer Balley und sagte: „Ich bin zu der Erkenntnis gekommen, dass alles keinen Wert hat. Ich möchte wieder nach Hause gehen."
Pfarrer Balley war fassungslos. Das hatte er nicht erwartet: „Wohin willst du? Nach Hause? Willst du dich unglücklich machen? Weißt du nicht, dass dein Vater nur allzu gerne sähe, wenn du wieder nach Hause zurückkehrtest? Dann wäre es um dein Priestertum geschehen und um deine Absicht, Seelen zu retten, mein lieber Freund."

So redete Pfarrer Balley auf den jungen Mann ein. Mit solchen Worten wollte er Johannes Maria in der Tiefe seiner Seele treffen. Aber dieser war so entmutigt, dass er in bittere Tränen ausbrach und sich nicht beruhigen konnte. Er sprach nur noch von seinem Abschied …

Schließlich fasste Johannes Maria sich von neuem und entschloss sich, eine Fußwallfahrt nach Louvesc zum Grabe des heiligen Franz Regis, dieses großen Missionars des 17. Jahrhunderts, zu machen. Das geschah im Jahre 1806.

Hundert Kilometer pilgerte Johannes Maria zu Fuß nach Louvesc und erbettelte sich unterwegs sein tägliches Brot und das Nachtlager, nachdem er versucht hatte, den Weg ohne zu essen und zu trinken zurückzulegen.

Wenn unser Pilger auch nur um Brot bat und nichts anderes haben wollte, sah er doch mit seiner großen Gestalt und seinem ganzen Benehmen nicht nach einem Bettler aus. Man hatte wenig Mitleid und erklärte ihm, er täte besser, gleich anderen Leuten sich sein Brot zu verdienen. Als er schließlich mildtätige Menschen fand, war er völlig erschöpft. Er musste einen schweren Weg zurücklegen, denn sein Pilgerziel, La Louvesc, lag 1100 Meter über dem Meeresspiegel.

Innig flehte er den heiligen Franz Regis an, ihm am Throne Gottes die Gnade zu erflehen, sein Studium fortsetzen zu können und ihm die Gnade zu erbitten, endlich die Grundbegriffe der lateinischen Sprache zu erfassen.

Als Johannes Maria bei einem Jesuiten in Louvesc beichtete, um anschließend zu kommunizieren, stellte dieser fest, dass unser Pilger doch etwas Geld mit auf den Weg genommen hatte. Er legte ihm die Verpflichtung auf, auf dem Heimweg „statt um Brot zu bitten, das Geld zum Almosengeben zu verwenden“.

Dieser 200 Kilometer lange Pilgerweg hin und zurück muss selbst für einen solch tugendhaften jungen Mann wie Johannes Maria Vianney äußerst bitter gewesen sein, denn später gestand er: „Ich möchte niemandem anraten, das Gelübde zu betteln zu machen.“ Er hatte am eigenen Leib die Wahrheit des Wortes Christi erfahren: „Geben ist besser als nehmen.“

Soldat und »Widerständler«

Auch Johannes Maria Vianney, der inzwischen 20 Jahre alt geworden war, sollte Soldat werden. Kardinal Fesch, der Erzbischof von Lyon und Onkel Napoleons, hatte zwar erreicht, dass alle Priesterseminaristen vom Militärdienst befreit werden konnten. Wie es dazu kam, dass Johannes Maria Vianney dennoch seinen Gestellungsbefehl erhielt, ist niemals geklärt worden, obwohl er im Jahre 1807, als er durch Kardinal Fesch das Sakrament der Firmung empfing, in das Register der Priesterseminaristen eingetragen worden war.
Auch das Eingreifen Pfarrer Balleys, seines getreuen Gönners, nützte nichts. Er musste einrücken. Am 26. Oktober 1809 stellte er sich in Lyon. Zwei Tage später wurde Johannes Maria krank und musste mit hohem Fieber ins Lazarett. Vierzehn Tage blieb er dort. Seine Eltern besuchten ihn, brachten ihm Lebensmittel und munterten ihn auf.
Am 12. November wurde seine Einheit nach Bayonne in Marsch gesetzt. Aber bereits in Roanne musste man Johannes Maria wieder aus dem Transport herausnehmen und von neuem ins Hospital bringen. Sechs Wochen war er dort und erbaute die Ordensschwestern durch seine Haltung.
Dann erhielt er den Befehl, sich am 6. Januar 1810 in Roanne zu einer bestimmten Zeit und an einem genau bezeichneten Ort einzufinden, um mit anderen Soldaten an die spanische Grenze gebracht zu werden. Als Johannes Maria zur festgesetzten Stunde dorthin kam, war die Truppe bereits abmarschiert. Der Hauptmann, bei dem er sich meldete, war aufgebracht und drohte ihm, ihn einsperren zu lassen. Schließlich beruhigte er sich aber und setzte den zu spät Ge-

kommenen mit dem Befehl in Marsch, seinen Truppenteil möglichst schnell zu erreichen. Erschöpft und immer noch nicht ganz gesund, ruhte sich Johannes Maria von seinem langen Fußweg in einem Wald aus, nachdem er bereits ein beträchtliches Stück zurückgelegt hatte. Während er am Wegesrand saß und in seiner Not den Rosenkranz betete, kam ein junger Mann vorbei und redete ihn an: „Was machst du denn hier? Komm mit mir!"

„Und schon hatte der Unbekannte mein sehr schweres Gepäck an sich genommen", so berichtet Johannes Maria selbst, „und bat mich, ihm zu folgen. Wir gingen die ganze Nacht durch den Wald zwischen den Bergen. Ich fühlte mich so erschöpft, dass ich ihm kaum zu folgen vermochte."

Es stellte sich heraus, dass der Unbekannte ein junger Mann war, der sich gleich vielen anderen vom Militärdienst drücken wollte, und bevor ihn sein Gestellungsbefehl erreichte, sich in dieser waldreichen und gebirgigen Gegend, die er genau kannte, auf den Weg machte. So glaubte er, sich retten zu können. Unterwegs sagte der Fremde zu Johannes Maria: „Du machst aber auch nicht gerade den Eindruck, als seiest du gern Soldat."

„Das stimmt zwar, aber ich muss gehorchen …"

„Wenn du willst, dann kannst du mit mir gehen. Mein Heimatdorf liegt ganz abseits, mitten in den Wäldern." „Nein, meine Eltern haben bereits jetzt Unannehmlichkeiten genug."

„Seid unbesorgt", erklärte der Fremde weiter, „in der hiesigen Gegend sind schon viele andere, die sich verborgen halten und denen man nicht auf die Spur kommt."

So kam Johannes Maria in ein abgelegenes Haus, wo man ihm zu essen gab und ihm das einzige Bett zur Verfügung stellte, das vorhanden war.

Kurze Zeit darauf begab sich Johannes Maria in den kleinen Ort Noes, zu dem dieses Haus gehörte, und meldete sich beim Ortsbürgermeister. Dieser Mann, ein gewisser Paul Foyot, war ein guter Mensch, aber er nahm es mit den kaiserlichen Gesetzen nicht genau. In seinem ebenfalls abgelegenen Haus verbarg er bereits zwei junge Leute, die sich vor dem Militärdienst drückten. Die Ankunft des dritten brachte ihn in keiner Weise in Verlegenheit. Übrigens kam ihm Johannes Maria Vianney sehr gelegen. Da die kleine Gemeinde keinen Lehrer hatte, bat er diesen, Schule zu halten, und gab ihm den Namen „Hieronymus Vincent". Er brachte ihn bei seiner Kusine, der Witwe Claudia Fayot, unter. Diese Frau war die Güte und Mildtätigkeit in Person. „Hieronymus Vincent" war aber misstrauisch und lehnte es ab, Schule zu halten. Tagsüber verbarg er sich und verließ erst beim Eintritt der Dunkelheit sein Versteck, um sich etwas im Freien zu ergehen. In den Abendstunden las er den Familienmitgliedern aus dem Evangelium und dem Leben der Heiligen vor. Sehr rasch erwarb Johannes Maria sich die Sympathie aller. Ja, er wagte es nach und nach, allen, die es wünschten, jung und alt, Religionsunterricht zu geben und sie lesen und schreiben zu lehren. Er wagte es sogar, frühmorgens in das Dorf Noes hinunterzusteigen, um der heiligen Messe beizuwohnen.

Dessen ungeachtet fühlte er sich bedrückt. Wie mag es wohl zu Hause gehen? Was mag man alles anstellen, um ihn ausfindig zu machen? Er wusste sich keinen Ausweg mehr aus dieser für ihn so heiklen Lage. Dabei hätte er sich doch sagen müssen, ihm könne kaum etwas passieren, nachdem feststand, dass die Priesterseminaristen vom Militärdienst befreit waren und er nur infolge eines Irrtums oder einer Vergesslichkeit eingezogen worden war. Offensichtlich hatte die Vorsehung Gottes ihre Hand im Spiel. Durch die Autorität des Ortsbürgermeisters war er gedeckt. Dabei konnte er apostolisch tätig sein: einerseits durch seinen Unterricht, und andrerseits durch sein tugendhaftes Beispiel. Er entschloss sich daher zu bleiben. Trotz aller Nachforschungen der Militärbehörden blieb Johannes Maria – oft in wunderbarer Weise – unentdeckt.

Im Hochsommer 1810 begab sich Mutter Fayot, in deren Haus Johannes Maria Zuflucht gefunden hatte, nach Charbonnieres, in die Nähe von Lyon. Diese Gelegenheit benützte sie, um auch nach Dardilly zu den Eltern ihres Schützlings zu gehen und ihnen einen Brief ihres Sohnes zu überbringen. Mutter Vianney war überglücklich, endlich ein Lebenszeichen von ihrem geliebten Johannes Maria zu erhalten. Vater Vianney aber, der viele Scherereien mit der Polizei hatte, war aufgebracht, weil man seinen Sohn als Deserteur betrachtete und ihm fortgesetzt nachstellte.

„Wo wohnen Sie denn?" fragte Vater Vianney die Frau Fayot, „damit ich meinen Sohn zurückholen kann?"

„Selbst wenn Sie es erfahren sollten, wo ich wohne", gab diese zur Antwort, „würde ich ihn anderswo verbergen, damit Sie ihn nicht ausfindig machen können, denn er ist wertvoller als Ihr ganzes Hab und Gut."

Inzwischen erhielt Johannes Maria alle notwendigen Lehrbücher, um sich selbst weiterzubilden.

Anlässlich seiner Vermählung mit Marie-Louise erließ Kaiser Napoleon eine Amnestie für alle, die sich dem Militärdienst entzogen hatten, so dass auch Johannes Maria wieder nach Hause zurückkehren konnte.

Es steht fest, dass Johannes Maria Vianney unter dieser Sache schwer gelitten hat und glücklich war, Anfang 1811 wieder in das normale Leben zurückkehren zu können. In seinem späteren Priesterleben kam er immer wieder auf diese Zeit zu sprechen. Wenn er den Leuten die Last der Sünde plastisch vor Augen stellen wollte, erklärte er, wie einer seiner Freunde nach seinem Tod berichtete: „Als ich als Widerständler lebte, war ich täglich in Angst, die Polizei käme mich holen, sperrte mich ein und ich würde vor das Kriegsgericht gestellt. Ebenso ergeht es dem Sünder: er lebt in beständigen Gewissensnöten und fürchtet fortgesetzt, der göttlichen Gerechtigkeit anheimzufallen.“ Niemand war glücklicher über die Heimkehr des „Widerständlers“ Johannes Maria Vianney als Pfarrer Balley, sein großer Gönner. Er hatte keinen Augenblick an der Heimkehr seines Schützlings gezweifelt und dessen Mutter mit den Worten getröstet: „Seien Sie ganz unbesorgt um Ihren Sohn. Er ist weder tot noch krank. Aus ihm wird niemals ein Soldat, wohl aber ein Priester.“

Mutter Vianney vertraute den Worten dieses edlen Priesters, aber sie sollte es nicht mehr erleben, ihren Sohn Johannes Maria als Priester am Altar zu sehen. Kurz nach dessen Rückkehr starb sie und hatte vor ihrem Tod ihrem Mann ans Herz gelegt, keine weiteren Hindernisse mehr in den Weg zu legen, damit Johannes Maria sein Ziel erreiche.

Recht und schlecht gelang es Pfarrer Balley, seinen Schüler schließlich in Latein soweit zu bringen, dass ihm am 11. Mai 1811 die Tonsur erteilt wurde.

Zur damaligen Zeit mussten die Priesterseminaristen ein Jahr Philosophie und zwei Jahre Theologie studieren. Im Oktober 1812 siedelte Johannes Maria in das Seminar von Verrières bei Montbrison über, um dort seine philosophischen Studien aufzunehmen. Mit 26 Jahren war er der älteste seiner Kursgenossen. Selbst sein Professor war jünger als er.

Ungeachtet seines Alters und allen guten Willens stellte sich schon bald heraus, dass Johannes Maria der schwächste seines Kurses war. Alle Vorlesungen erfolgten in Latein, und er kam nicht mit. Schließlich sah man sich gezwungen, ihn unter jene sieben einzureihen, denen die Vorlesungen in französischer Sprache gehalten wurden, um sicher zu sein, dass sie alles begriffen.

Nach acht Monaten schrieb er an Pfarrer Balley: „Jetzt geht es mit meinem Studium doch besser voran, als ich zu denken wagte.“

Und dennoch: Johannes Maria war ein denkbar schwacher Schüler. Er gehörte zu jenen, von denen der heilige Paulus sagte: „Gott hat das Schwache auserwählt, um das Starke zu beschämen.“

Johannes Maria nahm seine Zuflucht zum Heiland im allerheiligsten Altarssakrament. Ihm klagte er immer wieder sein Leid und flehte ihn um Hilfe an. Stets blieb das Gebet seine Stärke. Keine Weisheit der Welt hätte es zu ersetzen vermocht.

Sein schwerer Weg zum Priestertum

Inzwischen war das Jahr 1813 gekommen. Im Sommer dieses Jahres hatte Johannes Maria seine philosophischen Studien beendet und war ins Pfarrhaus von Ecully zurückgekehrt. Unter Leitung seines großen Gönners, Pfarrer Balley, bereitete er sich nun auf sein Theologiestudium im Priesterseminar zu Lyon vor.

Kurz vor Allerheiligen 1813 hielt Johannes Maria seinen Einzug in das Priesterseminar. Unter seinen Kursgenossen befand sich auch Marzellinus Champagnat, mit dem er bereits in Verrières zusammen studierte und der später die Genossenschaft der Maristen gründete. Eine innige Freundschaft verband die beiden.

Nach seinem Tod wurden mehrere seiner ehemaligen Kursgenossen, die Johannes Maria überlebten, in dem damals bereits eingeleiteten Seligsprechungsprozess über die im Priesterseminar von Lyon verbrachte Zeit durch die Seligsprechungskommission verhört.

Johannes Maria fiel im Priesterseminar durch seinen Eifer, seine innere Sammlung, seine Bescheidenheit, seine große Abtötung, seinen Gebetseifer und seinen Bußgeist auf – aber auch durch die großen Schwierigkeiten, die er zu überwinden hatte, um den Vorlesungen folgen zu können. Einerseits waren ihm also all jene Tugenden in besonderem Maße eigen, die einen Priester auszeichnen sollen – andererseits aber hatte er alle möglichen Schwierigkeiten zu überwinden, um geweiht zu werden, da er nun einmal nicht den gestellten Anforderungen wissensmäßig gerecht wurde. Einer seiner Kursgenossen, der spätere Maristenpater Declas, sagte

im Seligsprechungsprozess aus: „Ich habe ihn damals (im Priesterseminar von Lyon) gut gekannt: er ist ein Heiliger."
Johannes Maria tat alles, um sein heiligmäßiges Leben auch im Priesterseminar zu verbergen. Er wollte unter keinen Umständen auffallen. Augenzeugen berichten von ihm: „In seinem Verhalten war nichts Außergewöhnliches festzustellen: er war von großer Einfachheit und Schlichtheit."
Johannes Maria beschränkte sich nicht darauf, viel zu beten, sondern gab sich auch alle Mühe, beim Studium mitzukommen. Er war ununterbrochen bemüht, sich weiterzubilden. Aber der Erfolg ließ zu wünschen übrig. Gewiss, sobald man ihm alles in französischer Sprache vortrug, erfasste er den Lehrstoff sehr rasch und vollständig, anders aber, wenn es in lateinischer Sprache geschah. Nun war das Latein die Sprache des Seminars, und Johannes Maria hatte alle Mühe, sich in seinem Studium zurechtzufinden und mitzukommmen. Aber dank eines in französischer Sprache vorhandenen Lehrbuches der Theologie gelang es ihm dennoch, sich das notwendige theologische Wissen anzueignen.
Die Hauptschwierigkeiten aber ergaben sich erst, wenn es für Johannes Maria galt, seine Examina abzulegen. Wurden ihm die Fragen der Moral in französischer Sprache vorgelegt, beantwortete er alles so, wie es sein musste, aber schlimm wurde es, wenn die Prüfungskommission ihre Fragen lateinisch stellte und die Beantwortung in lateinischer Sprache verlangte. Sobald er vor die Prüfungskommission kam, zitterte er, bekam es mit der Angst zu tun und war wie gelähmt. Das erste Examen erwies sich für ihn als eine Katastrophe. Seine Leistungen wurden gleichsam mit Null bewertet. Eine Tatsache, die seinen Abgang aus dem Priesterseminar bedingte. Johannes Maria sah seine ganzen Zu-

kunftspläne zusammenbrechen: nun schien es für ihn aus zu sein. Wie sollte er je zum Priestertum gelangen?

Und tatsächlich: er wurde aus dem Priesterseminar entlassen, und es hatte den Anschein, als gebe es gegen diesen Entscheid keinen Einspruch mehr. Seine Kursgenossen, die ihn hochschätzten und liebgewonnen hatten, bedauerten seinen Weggang außerordentlich. Einer von ihnen, der spätere Kardinal Donnet, erklärt fünfzig Jahre später: „Der Eindruck, den seine Demut erweckte, und die Ausgewogenheit seiner Worte, die ich damals mit ihm wechselte, sind tief in meinem Geist haftengeblieben."

Wieder einmal war es Pfarrer Balley, der sich als Retter in der Not erwies. Ganz offensichtlich war er der Mann, den die Vorsehung Gottes ausersehen hatte, ungeachtet aller Hindernisse einen Johannes Maria Vianney wider alle menschliche Hoffnung dennoch zum Priestertum zu führen.

Johannes Maria nahm den schweren Schlag gelassen hin, der ihn durch die Entlassung aus dem Priesterseminar getroffen hatte. Er sah ein, dass er unwürdig sei, Priester zu werden, und wollte nun einen anderen Lebensweg einschlagen. „Kann ich nicht Priester werden", sagte er sich, „dann ist es immer noch möglich, mein Leben in einer Ordensgesellschaft als Bruder Gott zum Opfer zu bringen." Er erinnerte sich eines Kameraden namens Jean Dumond, der am 27. November 1813 bei den Schulbrüdern eingekleidet worden war. Bevor er zu seinem priesterlichen Freund und Gönner Pfarrer Balley nach seinem Weggang aus dem Priesterseminar zurückkehrte, besuchte er diesen Schulbruder und vertraute ihm an: „Da ich nicht genug Latein kann, ist es nicht möglich, Priester zu werden. Daher komme ich hierher und frage, ob ich aufgenommen werden kann."

Sein Wunsch wurde schon in kürzester Frist erfüllt, und er machte sich auf den Weg nach Ecully, um Pfarrer Balley diese Neuigkeit zu überbringen. Dort angekommen, brach er in Tränen aus und erzählte dem Pfarrer sein ganzes Missgeschick, aber auch gleichzeitig, dass er nun Schulbruder werden könne und seine Aufnahme bereits gesichert sei.

Pfarrer Balley gab sich nicht geschlagen. Mit einem geradezu heroischen Mut machte er sich auf den Weg nach Lyon und bat, noch einmal seinen Schützling Johannes Maria als Theologiestudenten zuzulassen. Er selbst werde sich für seine Weiterbildung einsetzen und dafür sorgen, dass er das nächste Mal sein Examen bestehe. Pfarrer Balley wusste, wie schlecht es gerade in diesen Tagen um den Priesternachwuchs bestellt war. Vor allem aber war er sich bewusst, welch ein Priester aus einem Johannes Maria Vianney werden könne. Er erklärte ihm daher: „Schreibe deinem Schulbruderfreund in Lyon ab und erkläre ihm, du könntest nicht kommen, da ich wünsche, dass du dein Theologiestudium fortsetzest."

Johannes Maria gehorchte. Die Schulbrüder bekamen also die von Pfarrer Balley gewünschte Absage.

Mit einem französischen Theologie-Handbuch nahm nun Pfarrer Balley selbst die weitere Ausbildung seines Schützlings in Angriff. Johannes Maria aber betete inniger denn je, der liebe Gott möge ihm beistehen, sein Ziel zu erreichen.

Ein solcher Mut und ein solcher Glaubensgeist konnten nicht unbelohnt bleiben. Er selbst berichtete in seinem späteren Leben: „Während ich also mein Studium fortsetzte, fühlte ich mich immer noch bedrückt und wusste nicht mehr, was ich anfangen sollte … Noch aber steht vor meinen Augen jene Stelle in Ecully, wo es mir beim Vorübergehen war, als flüsterte mir jemand ins Ohr: ‚Sei ganz beruhigt und gehe

deinen Weg: eines Tages wirst du Priester sein!'"
Durch diese Worte ermuntert, setzte Johannes Maria sein Studium mit doppeltem Eifer fort.
Drei Monate später musste er sich erneut zum Examen im Priesterseminar in Lyon einfinden. Pfarrer Balley hatte alles vorbereitet und die Wege geebnet.

Als nun Johannes Maria beim Examen an die Reihe kam, wurde er wieder verwirrt, beantwortete die ihm gestellten Fragen nur teilweise und stand hilflos da. Ein neues Versagen.
Da das Professorenkollegium festgestellt hatte, mit welchem Nachdruck Pfarrer Balley sich für Johannes Maria einsetzte und alles in seinen Kräften Liegende tat, um ihn dennoch zum Priestertum zu führen, entschied dieses, kein Hindernis in den Weg zu legen, wenn er sich einer anderen Diözese zuwende und versuche, dort geweiht zu werden.
Pfarrer Balley gab sich nicht geschlagen. Er bat die Prüfungskommission, nach Ecully zu kommen und Johannes Maria Vianney in seiner Gegenwart noch einmal zu prüfen. Da Pfarrer Balley in hohem Ansehen bei der Erzbischöflichen Behörde von Lyon stand, glaubte man, ihm seinen Wunsch nicht abschlagen zu dürfen.
So geschah es, dass der Generalvikar, der Seminarregens und ein Seminarprofessor sich auf den Weg nach Ecully machten, um Johannes Maria Vianney noch einmal zu prüfen.
Und nun vollzog sich das Wunder: Johannes Maria beantwortete in Gegenwart von Pfarrer Balley „alle Fragen, die ihm gestellt wurden, sehr gut, und man war mit den gegebenen Antworten sehr zufrieden", wie es einem noch erhaltenen schriftlichen Bericht heißt.
In diesen Tagen war die Erzdiözese Lyon verwaist: Kardinal Fesch hatte auf sein bischöfliches Amt verzichtet, nachdem

sein Neffe Napoleon als Kaiser von Frankreich abgedankt hatte. Der Seminarregens erstattete daher dem Kapitelverweser der Erzdiözese Lyon Bericht über das, was sich in Ecully ereignet hatte. Schon nach kurzem Nachdenken fragte er: „Handelt es sich bei Johannes Maria Vianney wirklich um einen frommen Menschen? Verehrt er die Gottesmutter und betet er seinen Rosenkranz?“

„Ja, er ist ein Vorbild der Frömmigkeit!“

„Nun gut, wenn er ein Vorbild der Frömmigkeit ist, dann lasse ich ihn zur Priesterweihe zu. Das übrige wird die Gnade Gottes machen.“

Pfarrer Balley hatte seine Schlacht gewonnen und die Kirche einen neuen Priester und Heiligen zugleich.

Bislang hatte Johannes Maria Vianney nur die Tonsur erhalten, aber noch keine der Niederen Weihen. Mit besonderer kirchlicher Erlaubnis wurden ihm diese am 2. Juli 1814 durch den Bischof Simon von Grenoble erteilt, der eigens zu diesem Zweck nach Lyon gekommen war.

Nun war Johannes Maria Vianney ganz in den Dienst Gottes gestellt: er hatte das Gelübde der Keuschheit abgelegt, war zum täglichen Gebet des Breviers verpflichtet und für ewige Zeiten gebunden. Was mag an diesem Tag in der Seele des Johannes Maria Vianney vor sich gegangen sein, nachdem er jahrelang durch ein Meer von Hindernissen hindurch musste, um schließlich doch mit der Hilfe Gottes und dem unermüdlichen Bemühen des Pfarrers Balley an die Vorstufe des Priestertums zu gelangen? Wir wissen es nicht und werden es auch niemals zu ergründen vermögen.

Nur einen einzigen Augenzeugen der Weihefeierlichkeiten gab es: Pfarrer Millon von Beny, der später erklärte: „Ich hatte das Glück, während der Weihehandlungen ganz in der

Nähe von Johannes Maria Vianney zu sein. Nach den Feierlichkeiten ist es Brauch, in geschlossener Prozession von der Kathedrale zum Priesterseminar zu ziehen. Ich war tief gerührt, bei dieser Gelegenheit festzustellen, mit welcher Begeisterung Johannes Maria Vianney das Benedictus, den Danksagungspsalm, mitsang. Auf seinem Antlitz lag ein Lichtglanz. Innerlich tief bewegt, wandte ich auf ihn die Worte an: ‚Und du, Kind, wirst Prophet des Allerhöchsten genannt werden', indem ich mir dachte: er weiß zwar weniger als die anderen, aber in seinem priesterlichen Amt wird er Großes vollbringen."

Die bischöfliche Behörde in Lyon war klug, auch die noch fehlende Ausbildung des Johannes Maria Vianney Pfarrer Balley allein zu übertragen, weil sie überzeugt war, dass er imstande sei, diese so durchzuführen, wie es notwendig erschien. Das Studienjahr 1815 verbrachte er im Pfarrhaus zu Ecully, und damit wurden ihm alle Aufregungen erspart, die sich in politischer Hinsicht zu dieser Zeit bis in das Priesterseminar von Lyon auswirkten.

Kardinal Fesch kehrte für drei Tage aus dem Exil zurück, musste aber das Land wieder verlassen, nachdem sein Neffe Napoleon I. zum zweiten Mal abdankte. Erst im Mai 1815 begab sich Johannes Maria in das Priesterseminar von Lyon, um dort mit den anderen Subdiakonen die Vorbereitungsexerzitien für die Diakonatsweihe zu machen. Diese empfing er am 23. Juni 1815 durch Bischof Simon von Grenoble in der Kathedrale zu Lyon. Nun war der Tag der Priesterweihe in greifbare Nähe gerückt.

Der Neupriester

Johannes Maria Vianney stand in der unmittelbaren Vorbereitung auf den Empfang der heiligen Priesterweihe. Wenn ein Priesterkandidat sich der Würde und Bürde des Priestertums völlig bewusst war, dann zweifellos er. Augenzeugen berichten über diese Zeit kaum etwas, aber es steht fest, dass Johannes Maria sich immer tiefer in Gott hineinversenkte, ihn um seine Gnade bat und den Beistand des Heiligen Geistes erflehte.
Unter der Leitung seines priesterlichen Freundes Balley setzte er seine Studien fort. Er war es, der ihn meisterlich in die Tiefen der Gotteswissenschaft einführte und ihm ein priesterliches Vorbild zugleich blieb.
Als der Regens des Priesterseminars von Lyon zur letzten Prüfung des Diakons Johannes Maria Vianney ins Pfarrhaus von Ecully kam, stellte er fest: „Wirklich, er hat große Fortschritte gemacht!“ Die Prüfung dauerte eine ganze Stunde, und der Regens nahm es sehr ernst in der Stellung der Fragen. Das Ergebnis war so zufriedenstellend, dass der Regens die Zulassung zur Priesterweihe sofort aussprach.
Die Priesterweihe aber fand in Grenoble statt, da zu diesem Zeitpunkt keine anderen Diakone in Lyon vor der Priesterweihe standen. Der Regens des Priesterseminars hatte die Zulassung zur Weihe nur mit dem Vorbehalt ausgesprochen, dass dem Neupriester noch nicht die Vollmacht zum Beichthören erteilt werden dürfe.
Johannes Maria machte sich also zu Fuß auf den Weg nach Grenoble. In der glühenden Augustsonne des Südens legte er den 100 km weiten Weg zurück. Am 12. August 1815, einem Samstagabend, traf er im Priesterseminar von Greno-

ble ein. Die Priesterweihe fand am folgenden Sonntagmorgen statt und wurde durch Bischof Simon von Grenoble erteilt. Da man glaubte, es sei dem Bischof nicht angenehm, nur einen Weihekandidaten vorzufinden, und ihm gegenüber dies Bedenken äußerte, gab er zur Antwort: „Einem Bischof darf es niemals zu viel sein, einen guten Priester zu weihen."
Ob der Bischof sich im Tiefsten seiner Seele wohl bewusst war, welch guten Priester er in diesem Falle weihte?
Dieser 13. August 1815 war also der Weihetag jenes Mannes, von dem mit Recht gesagt werden darf: „Der Priester ist ein zweiter Christus."
Die Priesterweihe selbst fand in der Kapelle des Seminars von Grenoble statt. Am folgenden Morgen zelebrierte Johannes Maria Vianney seine erste heilige Messe ebenfalls in dieser Kapelle und wollte das Priesterseminar nicht verlassen, bis er auch am Fest der leiblichen Aufnahme Mariens in den Himmel noch einmal dort zelebriert hatte. Wir dürfen annehmen, dass sich der Neupriester in den folgenden Tagen nach Ecully zu seinem großen Freund und Förderer begeben hat. Immerhin brauchte er zwei bis drei Tage von Grenoble bis Ecully. Wie groß muss die Freude der beiden Priester gewesen sein, als sie sich im Pfarrhaus von Ecully begrüßen konnten, zumal inzwischen die Ernennung von Johannes Maria Vianney als Vikar von Ecully bereits dort eingetroffen war.
Er brauchte also jenen Pfarrer nicht zu verlassen, dem er nach Gott verdankte, Priester geworden zu sein.
Der Neupriester Johannes Maria Vianney hielt auch in Ecully ein feierliches Primizamt. Sein Vater und seine Geschwister aus Dardilly waren zur Primizfeier nach Ecully herbeigeeilt und freuten sich mit ihm, dass er ungeachtet aller Hindernisse und Schwierigkeiten sein Ziel erreicht hatte.

Vikar in Ecully

In Pfarrer Balley hatte Johannes Maria Vianney einen vorbildlichen und mutigen Lehrmeister, um in die praktische Seelsorge eingeführt zu werden. Er gehörte zu jenen französischen Priestern, die während der Revolution ihren Mann gestanden hatten. Hundertfach setzte er sein Leben aufs Spiel, wenn es darum ging, die Seelsorge auszuüben. Er gab sich als Schreiner aus, arbeitete praktisch im Schreinerhandwerk und war unermüdlich tätig. Er war ein Mann tiefen Glaubens und eines unerschütterlichen Gottvertrauens. Ein Priester nach dem Herzen Gottes.

Zweieinhalb Jahre durfte Johannes Maria Vianney als Vikar an der Seite des Pfarrers Balley wirken. Was diese Zeit für ihn gewesen ist, hat er in die Worte zusammengefasst: „Welch ein Segen wäre es für mich gewesen, wenn ich bis zu meinem Tod an der Seite von Pfarrer Balley hätte bleiben dürfen. Niemand anders hat mich eine größere Selbstentäußerung gelehrt, als er es getan hat, und gezeigt, wieweit es möglich ist, dass der Mensch fähig wird, ein engelgleiches Leben zu führen. Ich brauchte ihn nur beten zu hören: Mein Gott, ich liebe Dich aus ganzem Herzen."

Von Pfarrer Balley darf gesagt werden, dass er ein wahres Büßerleben führte und sehr mäßig im Essen und Trinken war. Selbst seinen Pfarrkindern schien es zuviel zu sein, was er und sein Vikar Johannes Maria Vianney sich zumuteten, und sie schickten eine Abordnung zum Erzbischöflichen Ordinariat nach Lyon mit der Weisung, den Generalvikar zu bitten, er möge auf die beiden Priester einwirken, dass sie sich in ihrem Opferleben etwas mäßigten. So etwas war dem Generalvikar bis dahin noch nicht passiert. Er sagte lächelnd zu den Männern: „Ihr glücklichen Leute von Ecully, die ihr einen Pfarrer habt, der für euch Buße tut!" Inzwischen war dem Vikar Vianney die Vollmacht zum Beichthören erteilt worden. Nun strömten die Beichtkinder von allen Seiten zu seinem Beichtstuhl, und niemand freute sich mehr darüber als Pfarrer Balley, der die Erzbischöfliche Behörde dringend gebeten hatte, seinen Vikar nicht mehr länger auf diese Vollmacht warten zu lassen.

Seine Kräfte waren ohnehin erschöpft, denn die Strapazen der Revolutionszeit und die schweren Jahre, die ihr folgten, waren nicht spurlos an ihm vorbeigegangen. Vom Februar 1817 an hinderte ihn ein offenes Bein, weiterhin seine priesterlichen Pflichten zu erfüllen. Die ganze Seelsorgelast lag auf den Schultern seines Vikars. Im Dezember 1817 spendete Vikar Vianney seinem väterlichen Freund und Gönner die heiligen Sterbesakramente. Zu dieser Feierlichkeit hatte er eine Anzahl der eifrigsten Pfarrkinder eingeladen, um diesen die Möglichkeit zu geben, die Abschiedsworte ihres sterbenden Pfarrherrn aus dessen eigenem Mund zu hören. Nachdem die Anwesenden das Pfarrhaus wieder verlassen hatten, gab Pfarrer Balley seinem Vikar seine letzten Anweisungen: „Hier, mein geliebter Sohn, nehmen Sie das an sich: würde man es nach meinem Tod entdecken, dann könnten meine Pfarrkinder sagen, ich hätte hienieden genug für meine Sünden gebüßt und sie brauchten nicht mehr für mich zu beten. Die Folge davon wäre, dass ich bis zum Ende der Zeiten im Fegefeuer bleiben müsste." Mit diesen Worten übergab er seinem Vikar seine Bußwerkzeuge, deren er sich zeit seines Lebens bedient hatte.

Johannes Maria Vianney sagte später von seinem väterlichen Priesterfreund: „Ich habe Einblick in herrliche Menschenseelen erhalten, aber eine schönere Seele habe ich zeitlebens nicht mehr gesehen." Wahrlich, hier bewahrheitet sich wieder einmal im übertragenen Sinn das Wort: „Wie der Vater, so der Sohn."

Nach dem Tod Pfarrer Balleys hätte man in Ecully gern gesehen, wenn Johannes Maria Vianney zu seinem Nachfolger ernannt worden wäre, aber das lehnte er ab.

Pfarrvikar in Ars

Im Monat Februar 1818, zwei Monate nach dem Tod von Pfarrer Balley in Ecully, wurde der Vikar Johannes Maria Vianney zu seiner Bischöflichen Behörde nach Lyon beordert.
„Sie sind zum Pfarrvikar von Ars ernannt", erklärte ihm der Generalvikar. „Ich möchte Sie aber jetzt schon darauf hinweisen, dass Sie dort eine abständige Pfarrgemeinde vorfinden", fügte er bei. Bis dahin war Ars keine selbständige Pfarrei gewesen, sondern ein Filialort von dem drei Kilometer entfernten Misérieux. Die Kirche in Ars war eher eine Kapelle als eine Pfarrkirche.
Die Gemeinde Ars hatte sich bereiterklärt, ihrem neuernannten Pfarrer jährlich 500 frs (damals etwa 200 €) zu zahlen. Dazu kamen noch etwa 50 frs (20 €) jährlicher Stolgebühren.
Welch ein Glück für den Pfarrvikar Vianney, dass es in Ars noch ein Schloss gab, dessen Herrin für die ganze Pfarrei nicht nur in jeder Hinsicht ein Vorbild war, sondern sich auch durch ihre Mildtätigkeit besonders hervortat. Fräulein des Garets d'Ars, wie die Dame hieß, erwies sich für den Pfarrer von Ars als die von der Vorsehung Gottes geschickte Persönlichkeit.
Die Gemeinde Ars selbst war arm und zählte zu den ärmsten in Frankreich. Wenn die Einwohner von Ars der Kirche keineswegs feindlich gegenüberstanden, so konnte doch von einem wirklich religiösen Leben keine Rede sein. Besonders die Jugend jagte allen möglichen Vergnügen nach, und unter den Männern herrschte die Trunksucht. Gab es in Ars ehedem ein eifriges religiöses Leben, so hatten die Revolutionsjahre doch ihre Spuren hinterlassen und in religiöser Hinsicht

in der 200 Seelen zählenden Gemeinde großen Schaden angerichtet. Am 9. Februar 1818 machte sich Pfarrvikar Vianney auf den Weg nach Ars. Auf einem Wagen wurden seine wenigen Habseligkeiten befördert: ein Bett, ein Koffer mit Kleidungs- und Wäschestücken und die Bücher, die ihm sein väterlicher Freund Balley vermacht hatte. Er selbst ging zu Fuß und wurde von „Mutter Bibost" begleitet, einer ausgezeichneten Frau von Ecully, die sich bereit erklärt hatte, dem neuen Pfarrherrn den Haushalt vorübergehend zu führen. Sie blieb aber nicht lange in Ars.

Dort war alles gespannt auf den neuen „Monsieur le Curb", den „Herrn Pfarrer", der kaum 32 Jahre alt war und dessen Gesichtszüge bereits von all dem gezeichnet waren, was hinter ihm lag. Von etwas untersetzter Statur, gab ihm sein langes und gepflegtes Haar, das gleich einer Krone den Kopf zierte und bis auf die Schultern herabwallte, ein ehrwürdiges Aussehen. Ganz besonders sein klarer Blick strahlte etwas Lebendiges und zugleich unsagbar Gütiges aus. Ein Blick, der bis ins Innerste der Seele drang. Er war ein stark gebauter Mann mit einem raschen Gang, bei dem keinerlei Weichlichkeit wahrzunehmen war.

Dieser Mann also befand sich auf dem Weg zu seiner neuen Pfarrstelle an jenem 9. Februar 1818, der zu einem Wendepunkt in seinem Leben werden sollte.

Es war noch weit von Ecully bis nach dem abseits gelegenen Ars. An Lyon vorbei ging es über Fontaine, Rochetaille und Neuville-sur-Saône. Nach etwa 5 bis 6 Kilometer Weges kam der Pfarrer mit seiner Begleitung in arge Bedrängnis, obwohl sie nur wenige Kilometer von Ars entfernt waren: sie wussten nicht, sollten sie rechts oder links abbiegen, weil kein Wegweiser ihnen Auskunft gab.

Schließlich sah er eine Anzahl Kinder beim Viehhüten. Er ging auf diese zu und fragte sie nach dem Weg nach Ars. Ein gewisser Anton Givre wusste Bescheid und zeigte dem Pfarrer den Weg.
Pfarrer Vianney bedankte sich bei dem Jungen mit den Worten: „Mein Junge, du hast mir den Weg nach Ars gezeigt, und ich werde dir den Weg zum Himmel zeigen." Kaum, dass der Pfarrer den Ort Ars aus der Ferne erblickte, fiel er auf seine Knie nieder und flehte Gott an, seine Tätigkeit auf seinem neuen Arbeitsfeld zu segnen. Kurze Zeit darauf betrat er das ärmliche Ars.

Am folgenden Morgen läuteten die Glocken von Ars

Damit erfuhr auch der letzte Mann im Dorf, dass ihr Pfarrer angekommen sei und jetzt an jedem Morgen die heilige Messe in der Kirche gefeiert werde.
Die offizielle Einführung des Pfarrvikars erfolgte am 13. Februar durch den Pfarrer von Misérieux. Die ganze Pfarrgemeinde war anwesend und musterte ihren neuen Pfarrherrn von oben bis unten. In seiner Einführungspredigt erklärte er den Anwesenden, wie sehr er sie in sein Herz geschlossen habe, und dass es sein sehnlichstes Verlangen sei, viel Gutes an ihren Seelen zu tun.
Der erste Eindruck war gut. Der Dorfbürgermeister, an dem Pfarrer Vianney eine gute Stütze finden sollte, erklärte nach der Einführung: „Wir haben zwar ein ärmliches Kirchlein, aber einen heiligen Pfarrer bekommen."
Die Wohnungsverhältnisse waren sehr bescheiden. Aber das kümmerte einen Pfarrer Vianney nicht. Er ließ „Mutter Bibost" alles so einrichten, wie diese es für gut hielt. Einige

Möbelstücke waren noch im Hause, und was darüber hinaus fehlte, stellte die Schlossherrin von sich aus zur Verfügung. Alles in allem: was unbedingt gebraucht wurde, war vorhanden. Es dauerte nicht lange, da meinte der neue Pfarrherr, dies und jenes sei für ihn nicht nötig, und bat, es der Schlossherrin wieder zurückzutragen. Er wollte ein einfacher und armer Priester sein, der sich auf das unerlässlich Notwendige beschränkte. Wer heute in das damalige Pfarrhaus von Ars kommt, kann sich von der großen Armut überzeugen, die dort geherrscht hat. Wie gut, dass man nach seinem Tod bis auf unsere Tage beflissen war, alles so zu halten, wie es zur damaligen Zeit ausgesehen hat. Kein Wunder, dass die Einwohner von Ars sehr bald feststellten, welch edlen Priester sie ihr eigen nannten und welch herrliches Beispiel er für alle war. Wie sehr er sie aber innerlich umgestalten sollte, davon hatten sie noch keine Ahnung.

Es dauerte nicht lange, da konnte man mit Recht sagen: „Ars ist nicht mehr Ars." In kurzer Zeit wandelte der neue Pfarrer seine Pfarrgemeinde so vollständig um, dass alle Welt darüber verwundert war und man sich fragte, wie so etwas möglich sein könne.

Dabei darf nicht vergessen werden, dass der Pfarrer von Ars ein durch und durch wirklichkeitsnaher Mensch und Priester war, der die Dinge und die Menschen so sah, wie sie wirklich waren. Aber er hatte einen tiefen Glauben und war ganz in Gott verankert. Ihm stand ununterbrochen die Größe Gottes und sein eigenes Nichts vor Augen. Seine ganze Hoffnung in seinem priesterlichen Wirken setzte er auf Gott.

Es dauerte nicht lange, da kamen die Menschen von allen Seiten nach Ars, um ihre Zuflucht zu Pfarrer Vianney zu nehmen und bei ihm zu beichten.

Man darf auch nicht vergessen, dass Pfarrer Vianney ungeachtet seines großen Erfolges unsagbar große Hindernisse in Ars selbst zu überwinden hatte. Volle zehn Jahre lang.
In Ars vollzog sich ein Kampf – wenn man so sagen darf – auf Leben und Tod zwischen Gott und dem Satan, zwischen dem Guten und dem Bösen. Dass die Hölle in große Wut geriet, hier einen Priester wirken zu sehen, der ihr seine bereits gesicherte Beute weitgehend wieder entriss, lässt sich verstehen.
Diesen Kampf vermochte der Pfarrer nur deshalb siegreich zu führen, weil er ein Mann des Gebets und der Buße war.

Sein Gebets- und Bußleben

Das Gebet nahm im Leben dieses Mannes den ersten Platz ein. Ohne Übertreibung darf von ihm gesagt werden: sein ganzes priesterliches Leben war ein ununterbrochenes Gebet. Seine ganze Vergangenheit, seine Ausbildung und die damit verbundenen Schwierigkeiten und Hindernisse wie überhaupt alles, was er bei seinem väterlichen Priesterfreund Balley gelernt hatte, gipfelte in dem einen Großen: „Ich bin ein Nichts – Gott ist alles! Aus mir selbst vermag ich nichts – Gott allein vermag alles. Die Seelen sind von Gott – sie sind geschaffen für Gott. Ich selbst bin in dieser Welt, um sie zu Gott hinzuführen."

Gleich allen großen Männern der Kirche übte er in heroischer Weise die Tugend der Demut. Je näher er Gott kam, umso mehr wurde er sich seiner eigenen Nichtigkeit bewusst.

Man gewinnt den Eindruck, dass dieser Mann niemals eine Versuchung des Stolzes zu überwinden hatte, denn sein ganzes Wesen war schon von jungen Jahren an bis zu seinem Tod nur auf das eigene Nichts gerichtet, das keine andere Aufgabe hatte, als Gott dort zu dienen, wo es sich nach seinem Willen im Dienste der unsterblichen Seelen auswirken sollte.

Seine Nichtigkeit, seine Unterwürfigkeit – kurzum sein Nichts – kamen ihm immer wieder so zum Bewusstsein, dass er – nach seinen eigenen Worten – nichts anderes anstrebte, als sich in die Einsamkeit zurückzuziehen, „um meine Sünden zu beweinen" und „mein armseliges Wesen zu reinigen".

Und dennoch: er war Realist genug, dort stehenzubleiben, wo Gottes heilige Vorsehung ihn hinstellte, um Seelen zu retten. Er wusste, dass er im Gehorsam gegen seinen Bischof als Pfarrer in Ars zu wirken hatte und ihm nichts anderes zu tun übrig

blieb, als sich diesem Befehl in Demut zu unterwerfen.
Die Demut war wohl der ausgesprochenste Wesenszug im Gebetsleben des Pfarrers von Ars. Sein Gottvertrauen schließt sich als zweiter Wesenszug an, und die Beharrlichkeit dieses Gebetslebens, das im buchstäblichen Sinn des Wortes ein ununterbrochenes Gebet war, darf als dessen Krönung angesehen werden. Er lebte in einer ständigen Vereinigung mit seinem Gott, war ganz und gar in Gott versunken. In ihm verwirklichte sich das Wort des Herrn: „Wer sein Leben um meinetwillen verliert, wird es gewinnen" (Mt 16, 25).
Wo immer man diesen Priester antreffen mochte, stets war er durch sein Gebet in Gott versunken. Einerlei ob in der Kirche oder anderswo.
Schon in aller Morgenfrühe stand er von seinem bescheidenen Nachtlager auf, um sich in der Betrachtung ganz in Gott zu versenken, nachdem er über den Friedhof den Weg zur Kirche genommen hatte. Vor dem Tabernakel niedergeworfen, hielt er Zwiesprache mit seinem Gott. Dabei flehte er ihn an: „Herr, verleihe mir die Gnade, dass ich meine Pfarrgemeinde wieder zu Dir hinführe. Um das zu erreichen, bin ich bereit, alles Leid, das Du mir zugedacht hast, auf mich zu nehmen, und zwar für die ganze Zeit meines irdischen Lebens … Ja, ich bin bereit, bis ans Ende der Zeit die schwersten Leiden zu ertragen, wenn meine Pfarrkinder sich zu Dir bekehren."
Wenn der Pfarrer dann zur festgesetzten Morgenstunde zum Altare schritt, glaubte man, ein engelgleiches Wesen das heilige Opfer feiern zu sehen, so tief war er in seinen Gott versunken. Den ganzen Vormittag über verweilte dieser Priester anschließend im Gebet in seiner Kirche. Suchte ihn jemand im Pfarrhaus und fand ihn dort nicht vor, so war es allen bekannt, dass er bestimmt vor dem Tabernakel zu finden sei.

Mehr als einmal geschah es, dass er erst abends nach dem Läuten des Angelus die Kirche verließ und tagsüber vergaß, etwas zu essen.

Dabei aber vernachlässigte er seine Pfarrkinder in keiner Weise. Er ging in das Haus jedes einzelnen und tat das mit Vorliebe bei den Mahlzeiten, weil er wusste, dass er dann alle zusammen antreffen werde. Selten kam es vor, dass er in den einzelnen Häusern etwas annahm. Für einen jeden in der Familie hatte er ein gutes Wort und verstand es, alle aufzumuntern. Gerne blieb er im Sommer auf seinen Wegen ins Dorf unter den schattigen Bäumen, „weil es sich dort so gut beten lässt". Immer wieder fand man ihn, das Brevier in der Hand, auf- und abgehend.

Ein Bild der Allerheiligsten Dreifaltigkeit trug er ständig in seinem Brevier und hatte dies vorne in das Buch gelegt. Die Persönlichkeit, die ihn am besten kannte, Katharina Lassagne, berichtete uns: „Seine größte Tugend war der Glaube an die Allerheiligste Dreifaltigkeit."

Aus dieser Tugend heraus entwickelte sich eine festgegründete, widerstandsfähige und theologisch tief fundierte Frömmigkeit, getragen von dem Geist einer großen katholischen Vergangenheit.

Nach der Betrachtung waren Brevier und Rosenkranz seine bevorzugten Gebete. Er hatte eine kindlich innige Verehrung zur Gottesmutter.

Es war die feste Überzeugung dieses heiligen Priesters, durch sein Gebet die restlose Bekehrung seiner Pfarrei zu erflehen. Wo immer er sich auch befand, dieser Gedanke verließ ihn nie. Der Ortsbürgermeister Mandy berichtet beispielsweise, dass er ihn eines Tages im Wald vorgefunden habe, wie er zwischen den Bäumen auf dem Boden kniete und betete.

Der Bürgermeister verhielt sich ganz ruhig, stellte fest, dass der Pfarrer Tränen in den Augen hatte, und wollte sich unbemerkt zurückziehen. In diesem Augenblick hörte er ihn ausrufen: „Mein Gott, bekehre meine Pfarrei!“ Bis in die Tiefe seiner Seele erschüttert, begab sich dieser Landwirt ins Dorf zurück und gelobte, seinerseits alles zu tun, damit dieser heilige Priester in Ars erreichte, um was er den lieben Gott angefleht hatte.

Gebet und Buße waren die „Waffen“ eines Pfarrers von Ars, durch die es ihm gelang, seine Pfarrei zu bekehren und die Angriffe Satans zu vereiteln. Es war wohl sein väterlicher Priesterfreund Balley, der ihn die ganze Tiefe des Wortes der Heiligen Schrift erkennen ließ: „Diese Art Teufel wird nur durch Gebet und Fasten ausgetrieben“ (Mk 9, 29).

Als eines Tages einer seiner Konfratres sich bei ihm beklagte, dass es ihm nicht gelingen wolle, seine Pfarrkinder wieder auf den rechten Weg zu bringen, fragte der Pfarrer von Ars ihn: „Haben Sie auch schon darum gebetet? Haben Sie in dieser Meinung auch schon gefastet?“

Er war aber nicht nur ein ganz großer Beter, sondern auch heroisch im Büßen. Kaum dass „Mutter Bibost“ das Pfarrhaus verlassen hatte, glaubte sich Pfarrer Vianney unbeobachtet, vor allen Dingen deshalb, weil dieses von der Außenwelt völlig abgeschlossen war. Was er dort an Bußübungen auf sich genommen hat, ist nur Gott allein bekannt.

Es steht fest: er schlief nachts nicht in seinem Bett, sondern legte sich auf den Fußboden in der Küche. Diese war aber feucht, und er zog sich ein neuralgisches Gesichtsleiden zu, unter dem er fünfzehn Jahre bitterlich zu leiden hatte.

Als er die Nächte nicht mehr länger in der Küche ertragen konnte, verlegte er sein Nachtlager auf den Speicher, legte sich dort auf die Bohlen und benutzte als Kopfkissen einen der herausstehenden Dachbalken. Die Bußgeißel, die er selbst angefertigt hatte, war eines der Instrumente, von denen er reichlich Gebrauch machte. Katharina Lassagne, die die Wäsche des Pfarrers besorgte, erklärte: „Es war mitleiderregend, feststellen zu müssen, dass die linke Seite seiner Hemden immer zerfetzt und blutdurchtränkt war."

Ein Teil seines Zimmers war durch einen Vorhang abgetrennt. In einer Ecke dieses Zimmers waren die Wände mit Blutspritzern übersät. Mehr noch aber handelte er gemäß dem Rat des Evangeliums und fastete viel. Wenn aus seinem Leben berichtet wurde, er habe sich Anfang der Woche die Kartoffeln gekocht und während der folgenden Tage davon gelebt, auch wenn sie schon verschimmelt waren, so trifft das nur für die erste Zeit des Wirkens in Ars zu. Er selbst hat in späteren Jahren von seinen „jugendlichen Torheiten" gesprochen und darüber hinaus freimütig in diesem Zusammenhang bekannt: „Solange man noch jung ist, lässt man sich von Unklugheiten hinreißen."

Im Jahre 1839 kam Abbé Tailhades aus Montpellier nach Ars, um ihn zu fragen, wie er es anstelle, die Seelen wieder auf den rechten Weg zu führen. Pfarrer Vianney antwortete: „Mein lieber Freund, der Teufel macht sich wenig aus der Bußgeißel und anderen Bußinstrumenten. Was ihn aber zur Raserei bringt, das sind Enthaltsamkeit in Trinken, Essen und Schlafen. Nichts fürchtet der Teufel mehr als gerade das — nichts aber ist auch Gott angenehmer. Oh, wie oft habe ich das erprobt. Als ich acht bis neun Jahre allein war, konnte ich mich ganz nach meinem Belieben einrichten, und es kam vor, dass ich tagelang nichts aß … Ich erlangte damals alles vom lieben Gott, was ich für mich und andere von ihm erflehte …"

Während Pfarrer Vianney dieses Geständnis ablegte, standen ihm Tränen in den Augen. Er fügte hinzu: „Heute ist das nicht mehr in der gleichen Weise der Fall. Ich kann nicht mehr so lange ohne Essen bleiben. Versuche ich es dennoch, dann geschieht es, dass ich nicht mehr sprechen kann. Aber wie glücklich war ich in jenen Tagen, da ich allein war! Ich kaufte für die Armen Brot und überreichte es ihnen. Einen guten Teil der Nacht verbrachte ich in der Kirche. Damals hatte ich noch nicht so vielen Menschen Beichte zu hören wie jetzt ... Und Gott gewährte mir außergewöhnlich große Gnaden ...“

Uns scheint, dass ein solches Selbstzeugnis nicht hoch genug gewertet werden kann. Vor allen Dingen zeigt es uns, wie Pfarrer Vianney sein eigenes Leben einschätzte: es war ein direkter Kampf zwischen ihm und dem Teufel. Nichts anderes. Um den Teufel besiegen zu können, musste er erst die Erfahrung machen, dass die Bußgeißel eine viel geringere Wirkung hatte als Gebet und Fasten. Und gerade das ist es, was das Evangelium von uns verlangt. Im Evangelium ist nirgends die Rede von der „Bußgeißel“. Und wenn selbst der heilige Paulus sagte: „Castigo corpus meum“ – „Ich züchtige meinen Leib“, so kann angenommen werden, dass er vom Fasten und nicht von der Bußgeißel spricht. Immer wieder lesen wir im Evangelium vom Gebet und oft vom Fasten. Der Kampf Christi in der Wüste gegen den Satan spielte sich im Gebet und Fasten ab.

Darüber hinaus müssen wir feststellen, dass Pfarrer Vianney auf der Höhe seines Wirkens wohl jenen schönen Tagen seiner Einsamkeit nachtrauerte und ausrief: „Wie glücklich war ich in jenen Tagen, da ich allein war!“ Das war zweifellos ein Aufschrei des Herzens. Aber die herbeiströmenden Menschenmengen ließen sich deshalb nicht abweisen.

Letzten Endes musste er ja selbst zu der Überzeugung kommen, dass er sein strenges Bußleben nicht in der ursprünglichen Form weiterführen konnte, weil sonst sein priesterliches Amt darunter hätte schwer leiden müssen und seine Körperkräfte frühzeitig aufgezehrt worden wären. Dabei war er schon bis an die Grenze dessen gegangen, was er sich zumuten durfte. Das steht fest. Er selbst musste ja gestehen: „Ich kann nicht mehr so lange ohne Essen bleiben, denn sonst kann ich nicht mehr sprechen." In dieser Tatsache erblickte Pfarrer Vianney ein Zeichen des Willens Gottes und richtete sich entsprechend ein. Aber auf etwas anderes soll noch hingewiesen werden: Als Pfarrer Vianney nach Ars kam, wusste er, dass er nur dann eins mit seinen Pfarrkindern werde, dass er ihnen gegenüber vor Gott nur dann bestehen könne, wenn er sein seelsorgliches Wirken durch Bußübungen unterstützte, um so Genugtuung für die Seelen zu leisten, für ihre Sünden und Laster zu sühnen und zu büßen. Als er festgestellt hatte, Pfarrkinder zu haben, die zwar getauft, praktisch aber Apostaten waren, die verlorenzugehen drohten, glaubte er sie wie ein zweiter Christus „wiederkaufen" zu müssen.

Er fühlte sich seinen Pfarrkindern gegenüber nicht nur als Stellvertreter Gottes vor den Menschen, sondern darüber hinaus auch als Stellvertreter einer sündigen Pfarrei Gott gegenüber. Wenn Pfarrer Vianney auch nie von dem mystischen Leib Christi sprach, so hatte er doch ein tiefes Verständnis dafür und handelte danach. So kam es auch, dass er nach und nach in seinem Bußleben verstand, das rechte Maß einzuhalten, nachdem ihm gelungen war, seine Pfarrgemeinde wieder auf den rechten Weg zu führen und er festgestellt hatte, dass er, falls er weiterhin unklug handele, seinen pfarramtlichen Pflichten nicht mehr gerecht werden könne.

Er nahm eine vernünftige Haltung im Essen und Trinken ein und handelte so, wie es notwendig war. Zeitlebens kein Feinschmecker und kein großer Esser, sorgte er nunmehr für eine ordentlich geführte Küche. Mit dem Kartoffeltopf für eine Reihe von Tagen hatte er zeitig Schluss gemacht.
So gestattete er es, die Sakristei zu heizen (wo er tagsüber fast ständig Beichte hörte), und in seinem Schlafzimmer durfte im Winter bei großer Kälte Feuer gemacht werden.
Seinen „jugendlichen Verrücktheiten", wie er sie selbst nannte, war nun der gesunde Sinn für das rechte Maß in dem Lebensnotwendigen gefolgt. Wenn er in der Vergangenheit in seinen Übertreibungen eine Quelle der Freude erblickt hatte, gab nunmehr die Klugheit den Ton an, ohne dass seinem inneren Bußleben im richtigen Maß Abbruch getan wurde.

Sein Predigtamt

Wie es nun einmal seine Pflicht war, legte Pfarrer Vianney das größte Gewicht auf sein Predigtamt. Damit hatte er schon in Ecully als Vikar begonnen. Was uns noch an Predigtvorlagen von ihm zugänglich ist, beweist, dass er in einfachen Worten, aber mit Klarheit und in Kürze dem Volk die christlichen Wahrheiten vortrug. Seine eigene Schwester Margarete berichtete, er habe zwar nicht gut predigen können, aber alles Volk sei in die Kirche geströmt, sobald bekannt wurde, dass er die Kanzel besteige. Wenn er predigte, so sprach er leise, mit einer Kopfstimme, die zwar schwach war, aber dennoch zu Herzen ging. So blieb es, solange er in Ecully als Vikar wirkte.

In Ars aber glaubte er einen anderen Weg gehen zu müssen: er blieb zwar weiterhin ganz klar und einfach im Ausdruck, dehnte aber seine Predigten länger aus und hatte vielfach eine bild- und farbenreiche Sprache in seinen Ausführungen. Der Erfolg seiner Predigten war so groß, dass man sie schon zu Lebzeiten als Bücher herausgab, namentlich soweit er diese in den Anfängen seines pfarramtlichen Wirkens selbst niedergeschrieben hatte. Aber wir können hier nicht näher darauf eingehen.

Sie enthalten viele persönliche Beispiele und Erinnerungen, die Wiedergabe vielsagender Darlegungen und wertvoller Gedanken, die wir hin und wieder im Laufe unserer Ausführungen in dem einen und andern Fall mitverwerten werden, soweit dabei die besondere Charakteristik des Heiligen zum Ausdruck kommt.

Ihr Wert liegt weniger in ihrem Inhalt als vielmehr im Ausdruck, mit dem sie dem Volke vorgetragen wurden. Seine

rednerische Gabe, sein Mienenspiel, seine Gesten, die Macht seiner Überzeugungskraft und seine ganze Persönlichkeit auf der Kanzel machten seine Ausführungen erst wirksam.
Gegen Ende seines Lebens kam es soweit, dass selbst jene ihn kaum mehr zu verstehen vermochten, die in der Nähe der Kanzel saßen. Aber er war selbst von dem Vorgetragenen so gerührt, dass ihm Tränen in den Augen standen, kaum dass er seine Predigt begonnen hatte. Die Seelen fühlten sich angesprochen, waren von dem Gesagten tief beeindruckt, und die erfolgten Bekehrungen sind wohl viel mehr der Macht seines heiligen Lebens zuzuschreiben als dem, was er auf der Kanzel darlegte. Als man den seligen Johannes von Avila eines Tages fragte, wer wohl der beste Prediger sei, gab er zur Antwort: „Derjenige, der Gott am meisten liebt!“

Auch ein heiliger Johannes vom Kreuz ist dieser Meinung. Nicht Worte sind es, die die Menschen bekehren, sondern die Tugendbeispiele der göttlichen Liebe.
Solange Pfarrer Vianney seine Predigten noch schreiben konnte, verwendete er viel Zeit darauf. Er schrieb seine Gedanken sehr flüssig nieder, und Streichungen sind in seinen Aufzeichnungen nicht zu finden. Aber er schrieb von anderen Predigern ab und machte sich darüber keinerlei Skrupel. Seitenweise geschah das. Dabei kam es nur selten vor, dass er wörtlich das wiedergab, was er vorfand, sondern er änderte alles jeweils so, wie er es ausdrucksmäßig für besser hielt. Er wollte unbedingt erreichen, seinen Pfarrkindern seine Gedanken möglichst volkstümlich und schlicht vorzutragen, damit sie verstanden, was er predigte. Da er über ein schlechtes Gedächtnis verfügte und sich vielfach der Gedanken anderer bediente, war es für ihn sehr schwer, seine Predigten auswendig zu lernen. So leicht das Niederschreiben für ihn

war, so schwer aber erwies es sich auf der Kanzel, das fehlerfrei vorzutragen, was er sagen wollte. Er musste einen Großteil der Woche dieser Aufgabe widmen. Dass gerade seine Konfratres aus der Nachbarschaft einen jungen Pfarrer Vianney beobachteten und darauf bedacht waren zu erfahren, wie er es anstelle, lässt sich verstehen. Er war ja unter ihnen als ein sehr mäßig begabter Mensch bekannt, den man wegen seiner Unwissenheit aus dem Seminar entlassen hatte. Wie sollte nun ausgerechnet dieser Priester auch noch einen besonderen Erfolg im Beichtstuhl aufzuweisen haben? Wie sollte man es sich erklären, dass man ihn von weit her aufsuchte, um sich seelischen Rat und Beistand zu holen? Dazu kam, dass seine persönlichen Kämpfe mit dem Satan nicht unbekannt blieben. Schließlich sagten die Konfratres, er sei entweder ein Heiliger oder ein Scharlatan. Kein Wunder, dass man ihn 1823 bei der Bischöflichen Behörde von Belley anschwärzte, zu der Ars gleich dem ganzen Departement Ain von dieser Zeit an gehörte.

Was Pfarrer Vianney in dieser Zeit zu erdulden hatte, davon kann man sich kaum eine Vorstellung machen. Man nannte ihn einen Jansenisten, weil er so außergewöhnliche Erfolge aufzuweisen hatte. Niemand aber vermochte ihm das Geringste nachzuweisen, und in seinem ganzen Buchbestand war nicht ein einziges jansenistisches Werk zu finden. Abgesehen von anderen Irrtümern und falschen Lehren ging der Jansenismus darauf aus, die Menschen vom öfteren Empfang der heiligen Kommunion zurückzuhalten und die Andacht zur Allerseligsten Jungfrau nicht zu fördern.

Pfarrer Vianney aber tat genau das Gegenteil dessen, was der Jansenismus wollte: Niemand setzte ein solch großes Vertrauen in die Gnade Gottes wie gerade er – niemand hat so darauf hingearbeitet, mit der Gnade mitzuwirken, wie er es getan hat –, niemand aber hat auch die Seelen, die er dazu für würdig hielt, so zum öfteren Empfang der heiligen Kommunion aufgemuntert wie er. Auch er war ein Mensch seiner Zeit. Damals war man eben in der Predigt und den moralischen Belehrungen strenger als heute. Wollte er sich also nicht den Zurechtweisungen durch seine kirchlichen Vorgesetzten aussetzen, dann musste er sich entsprechend einrichten und handeln. Die Handlungsweise des Pfarrers von Ars aber war so korrekt, dass seine Ankläger beim Bischöflichen Stuhl vom Bischof selbst mit klaren und eindeutigen Worten zurechtgewiesen wurden.

„Ich weiß nicht, ob der Pfarrer von Ars ein gescheiter Mann ist, aber ich weiß, dass er ein erleuchteter Mensch ist!"

Damit war den Nörglern der Mund gestopft, und Pfarrer Vianney konnte ruhig seinen Weg weitergehen. Wir hätten aber aus diesen Tagen nichts Schriftliches von ihm, wenn nicht seine Pfarrkinder seine Unterweisungen im Religionsunterricht selbst festgehalten hätten.

Wie Pfarrer Vianney als junger Pfarrer in Ars vorging, möchten wir an einem Beispiel erläutern. Ars war sehr vergnügungssüchtig. Schaustellungen und Tanz waren Dinge, denen das Volk nachlief.

Der Pfarrer besaß ein im Jahre 1739 erschienenes Buch „Die Art und Weise, die Armen und ganz besonders die Landbevölkerung zu unterweisen", das ein geistlicher Universitätsprofessor von Paris herausgegeben hatte. Danach richtete er sich, um der Vergnügungssucht Einhalt zu gebieten.

Dieser Priester, der im Seminar nicht imstande war, die Examina zu bestehen, bringt in seinen Darlegungen eine Geistesschärfe zum Ausdruck, über die man staunt. So erklärt er

beispielsweise in einer seiner Predigten gegen den Tanz: „Eines Tages stand ich vor einem großen Feuer. Ich nahm eine Handvoll ganz trockenen Strohs und warf dies hinein mit der Anweisung, es solle nicht brennen. Die dabei standen und alles beobachteten, lachten mich aus und spöttelten: ‚Das haben Sie zwar gut sagen, aber das wird nicht verhindern, dass das Stroh dennoch verbrennt.' – Und was sollte ich diesen Menschen darauf zur Antwort geben?
Und Sie, gute Mutter, was denken Sie darüber? Erkennen Sie sich in dieser Sache nicht selbst wieder? ... Geschah es nicht, dass Sie Ihrer Tochter erklärten: ‚Meinetwegen kannst du wohl zum Tanzen gehen, aber schicke dich!'"
Und dann brauste er auf, und seine Stimme wurde unerbittlich und scharf: „Der Teufel umgibt eine Tanzveranstaltung gleich einer Mauer um einen Garten. Der Tanz ist jener Strick, mit dem der Teufel die meisten Seelen in die Hölle zieht. Wer zum Tanzen geht, lässt vielfach seinen Schutzengel an der Tür zurück, und der Teufel ersetzt ihn, so dass es im Tanzsaal alsbald ebensoviel Teufel wie Tänzer und Tänzerinnen gibt."
So kam es auch beispielsweise vor, dass ein Dorfmusikant, der eines Tages nach Ars gekommen war, um zum Tanz aufzuspielen, von Pfarrer Vianney die doppelte Summe dessen angeboten bekam, was er sonst verdient hätte, wenn er von seinem Vorhaben abließe und seiner Wege ginge. Im Tanz sah Pfarrer Vianney ein Mittel des Verderbens für die jungen Menschen. Wenn es ihn auch viele Mühe gekostet hat, so blieb er schließlich dennoch Sieger.

Seine Seelsorgeerfolge

Nun war es Pfarrer Vianney gelungen, einen völligen Wandel in seiner Pfarrgemeinde herbeizuführen. Sein unablässiges Gebet und sein vorbildlicher priesterlicher Wandel, verbunden mit einer überaus großen Güte und Freigebigkeit gegenüber seinen Pfarrkindern, wirkten geradezu Wunder in den Seelen. Ars war schon nach wenigen Jahren nicht mehr wieder zu erkennen.

Als bereits nach zwei Jahren seines Wirkens das Gerücht umging, der Bischof habe Pfarrer Vianney mit einer anderen Pfarrei betraut, schrieb ein Seminarist aus Lyon an die Schlossherrin von Ars, die einen Teil des Studiums dieses angehenden Priesters bezahlte: „Mit ebenso großer Überraschung wie unsagbar großem Bedauern habe ich erfahren, dass Ars seinen heiligen Pfarrer verloren hat. Die göttliche Vorsehung hatte diesen Priester nach dort geschickt, um die Pfarrgemeinde wieder zu erneuern. Aus tiefster Seele wünsche ich, dass sein Nachfolger ein Priester von gleichem Seeleneifer ist, damit das lebendige christliche Leben, das jetzt in Ars herrscht, weiterhin aufrechterhalten bleibt." Damit ist ganz klar gesagt, welch ein tiefer Wandel sich in dieser kurzen Zeit vollzogen hatte.

Pfarrer Vianney selbst schrieb am 7. November 1823 an seine gute „Mutter Fayot" in Robins: „Ich befinde mich in einer kleinen Pfarrei, die voller Eifer ist und Gott aus ganzem Herzen dient."

Als er seine Pfarrkinder zu einer Wallfahrt zum Heiligtum Unserer Lieben Frau von Fourviere, dem Marienberg von Lyon, anlässlich des Patronatsfestes der Pfarrei Ars am 6. Au-

gust 1823 aufrief, nahmen alle, die eben nur zu Hause abkommen konnten, daran teil. Bereits um Mitternacht machte sich die Prozession auf den Weg und kehrte erst bei Dunkelheit nach Ars zurück.
Abgesehen davon, dass Pfarrer Vianney in den Nachbarpfarreien namentlich im Beichtstuhl aushalf, sorgte er auch dafür, dass in seiner Pfarrgemeinde bald eine Volksmission gehalten wurde. Über den Erfolg dieser Mission schreibt Katharina Lassagne: „Sie wirkte geradezu revolutionierend in den Menschenherzen … Die Einwirkung der Gnade war so groß, dass nur noch wenige in Ars ihr widerstanden … Es war wirklich erhebend, welchen Eifer die Menschen an den Tag legten. Menschenfurcht kannte man keine mehr: man schämte sich, wenn man nicht immerfort Gutes tat und seine Religion ernst nahm.“ Selbst abgestandene Männer, die schon lange Jahre nicht mehr zu den Sakramenten gegangen waren, wurden nachdenklich und rafften sich auf, ein neues Leben zu beginnen. Immer wieder kam es vor, dass sie offen auf der Straße bekannten: „Ich werde beichten gehen!“ In einer seiner Predigten erklärte Pfarrer Vianney: „Ars ist nicht mehr das alte Ars! In allen möglichen Pfarreien habe ich Beichte gehört und anlässlich von Jubiläen und während Volksmissionen in zahlreichen Kirchen gepredigt. Niemals aber habe ich das gefunden, was ich hier erlebe.“
Nicht nur an den Sonn- und Feiertagen, sondern auch an den Werktagen kamen die Einwohner von Ars zur heiligen Messe. Kein Religionsunterricht und keine Predigt waren ihnen zuviel. Das Rosenkranzgebet wurde ganz besonders gepflegt. Wenn die Angelusglocke am Abend ertönte, begaben sich alle, die nur eben konnten, zum gemeinsamen Gebet in die Pfarrkirche. Und wem das nicht möglich war,

der hielt wenigstens das Abendgebet mit den Seinen gemeinsam in der Familie.
Die Pfarrgemeinde Ars war zu einer wirklichen christlichen Familiengemeinschaft geworden, in der Liebe und Eintracht herrschten. Das echt christliche Leben wirkte sich im ganzen Tagewerk der Pfarrei aus. Angefangen vom Morgengebet, über den Angelus am Mittag, das Gebet vor und nach dem Essen bis zum gemeinschaftlichen Abendgebet.
Pfarrer Vianney aber glaubte, sich damit allein nicht zufriedengeben zu dürfen: er lehrte seine Pfarrgemeinde auch, beim vollen Glockenschlag sich dadurch an Gottes Gegenwart zu erinnern, dass er sie bat, wenigstens ein „Gegrüßet seist du, Maria“ zu beten. Er selbst hatte das schon von seiner eigenen Mutter gelernt.
Zur damaligen Zeit war es in vielen Gegenden Frankreichs Brauch, dass am Fest Kreuz-Auffindung (am 3. Mai) in den Pfarrkirchen kleine, von den Bauersleuten selbst angefertigte Holzkreuze gesegnet wurden. Diese wurden anschließend in den Feldern aufgestellt, und wenn sich zur Zeit der Ernte eines dieser Kreuze wiederfand, unterbrach man die Arbeit und betete gemeinsam ein Vaterunser und ein „Gegrüßet seist du, Maria“, um Gott für seinen Erntesegen zu danken. Pfarrer Vianney führte diesen Brauch auch in der Pfarrei Ars wieder ein. Kein Wunder, dass in den Nachbarpfarreien schon bald die Spötter laut wurden und den Bewohnern von Ars sagten: „Wenn ihr weiterhin so auf euren Pfarrer hört, dann macht der euch schließlich noch zu Kapuzinern.“
Diese aber waren um eine Antwort nicht verlegen: „Unser Pfarrer ist ein Heiliger“, sagten sie ohne Menschenfurcht, „und wir müssen ihm folgen.“ Einer der späteren Pfarrer von Ars, Msgr. Gonvert, der 1889 nach Ars kam, stellte fest, dass

das Erbe des Pfarrers Vianney immer noch sehr lebendig unter seinen Pfarrkindern war: was sie von ihm erlernt hatten, behielten sie treu bei. Ganz offensichtlich hatte Pfarrer Vianney so nachhaltig auf die Seelen eingewirkt, dass man damals noch die Nachwirkungen bei den Menschen feststellen konnte. Wörtlich berichtet Msgr. Gonvert: „Auf ihren Gesichtern spiegelte sich ein solcher Glanz von Heiligkeit wider, wie man es sonst selten bei Menschen findet: eine Ruhe, eine Ernsthaftigkeit und eine Art von Glückseligkeit ließ sie aus tausend anderen Menschen herausfinden."

Die Anständigkeit der Einwohner von Ars war weit und breit sprichwörtlich geworden. Früher waren sie nicht besser als andere Menschen und nahmen es mit der Ehrlichkeit nicht so genau. Wenn sie Butter, Eier oder Vieh zu verkaufen hatten, kam es ihnen auf einen kleinen Schwindel nicht an, um zu ihrem Ziel zu kommen. Es genügte ihnen, wenn sie dabei nicht erwischt wurden. Auch mit dem Eigentum des Nachbarn nahm man es nicht allzu genau. Das Wirken des Pfarrers Vianney aber vollbrachte nach und nach auch in dieser Hinsicht einen völligen Wandel. Ein gewisser Benedikt Treve, der in diesen Jahren als Kind in Ars aufwuchs, berichtete in seinem späteren Leben, dass er sich eines Tages aus einem Korb vor einem Geschäft eine Birne genommen hatte. Als er diese zu Hause essen wollte, fragte seine Mutter ihn, woher er diese habe. Es blieb ihm schließlich nichts anderes übrig, als die Wahrheit zu sagen. Nachdem er seine Tracht Prügel bezogen hatte, musste er die Birne wieder dorthin zurücktragen, wo er sie weggenommen. Seine Mutter folgte ihm mit der Rute in der Hand, um sich zu überzeugen, ob er auch gehorche. Nachdem er das getan hatte, musste er in dem Geschäft um Verzeihung bitten.

Förderung der Schulbildung

Das Schulwesen lag zur damaligen Zeit sehr im Argen. Pfarrer Vianney litt darunter, dass die Kinder auch in seiner Pfarrei ohne geregelten Unterricht aufwuchsen. Eine Volksschulpflicht gab es noch nicht. Die Revolution von 1789 hatte wertvolle Ansätze im ganzen Land vernichtet, namentlich durch die Vertreibung und Auflösung der Lehrorden.
Wenn sich nach dem Abschluss des napoleonischen Konkordates von 1801 die Zustände auch nach und nach besserten, so ließ der Staat doch gerade hinsichtlich des Unterrichtswesens für das einfache Volk viel zu wünschen übrig. Ein Glück nur, dass viele Ordensleute beiderlei Geschlechtes trotz Verfolgung und Auflösung die Revolutionswirren überlebt hatten und in vielen Fällen in die Bresche springen konnten.
Noch im Jahre 1830 waren im Departement Ain, zu dem Ars gehörte, 175 Gemeinden ohne eine Volksschule. Es gab zwar schon 452 Volksschulen mit 11 824 Jungen und 6687 Mädchen. Aber was sollten diese 18 511 Schulkinder schon bei einer Gesamtbevölkerung von 346 000 Einwohnern des ganzen Departements bedeuten? Nachdem in diesem Departement zur damaligen Zeit mit 10 000 Geburten jährlich gerechnet werden konnte, kann man ermessen, wie gering die Zahl der Kinder war, denen ein regelmäßiger Volksschulunterricht zuteil wurde. Als Pfarrer Vianney 1818 nach Ars kam, bestand auch dort keine Volksschule. Wohl ließ die Gemeinde im Winter einen auswärtigen Lehrer kommen, um den Jungen und Mädchen die notdürftigsten Kenntnisse im Lesen, Schreiben und Rechnen beizubringen. Ein solches

Schulsystem aber erschien Pfarrer Vianney nicht nur unzureichend, sondern er sah darin auch gewisse Gefahren, die er unter allen Umständen abstellen wollte.
Sein Plan stand schon bald fest: er wollte eine Mädchenschule gründen und dafür sorgen, dass wenigstens die Mädchenausbildung möglichst schnell gesichert werde. Aber wie sollte der arme Dorfpfarrer diese kostspielige und überaus schwierige Aufgabe lösen? Zunächst hieß es, einen Schulraum und Lehrerinnen ausfindig zu machen. Er dachte daran, zwei seiner fähigsten jungen Mädchen aus der Pfarrei mit dem Unterricht zu betrauen: Katharina Lassagne, die wir schon wiederholt erwähnt haben und die im Leben des Pfarrers von Ars noch eine große Rolle spielen sollte, und Benedikta Lardet.
Katharina Lassagne war auf den Tag genau zwanzig Jahre jünger als Pfarrer Vianney. Ihre fromme Mutter Claudia war die erste, der der Pfarrer seine Absicht vortrug. Schon Anfang 1823 war es soweit, dass Pfarrer Vianney Katharina Lassagne und Benedikta Lardet nach Fareins zu den St. Josephs-Schwestern schickte, um sie von diesen in das Unterrichtswesen einführen zu lassen. Katharina Lassagne war damals 17 Jahre alt.
Die Kosten ihrer Ausbildung und deren Unterhalt übernahm Pfarrer Vianney. Beide mussten wenigstens das nachholen, was an Allgemeinkenntnissen unbedingt notwendig war. Es dauerte nicht lange, da hatten sich beide bereits so weit fortgebildet, dass sie als Präfektinnen bei den Schwestern in der Kindererziehung mithelfen konnten.
Anderthalb Jahre dauerte die Ausbildung Katharina Lassagnes und Benedikta Lardets in Fareins. Da der Pfarrer Wert darauf legte, dass beide Mädchen während ihrer Ausbildung jeden Sonntag nach Hause kamen, hatten sie den Kontakt mit der Pfarrei in keiner Weise verloren.

Im November 1824 war es soweit: die Mädchenschule in Ars konnte eröffnet werden. Pfarrer Vianney war es gelungen, ein Haus zum Preis von 2400 Franken zu erwerben. Katharina Lassagne, Benedikta Lardet und die um wenige Jahre ältere Johanna Maria Chany waren als erste an dieser Schule tätig. Da letztere keine besondere Ausbildung genossen hatte, oblag ihr die Überwachung der Kinder. Auch hatte sie das Hauswesen für alle drei zu besorgen. Pfarrer Vianney wollte keine klösterliche Institution aus diesen bescheidenen Anfängen heranreifen lassen. Er verlangte von den drei jungen Mädchen weder eine besondere Kleidung noch Gelübde oder eine bestimmte Lebensregel. Ihm genügten die drei als Vorbilder für die ganze Pfarrgemeinde.
Katharina Lassagne war die Seele des Ganzen. Sie litt schwer unter dem herben Charakter von Johanna Maria Chanay. Benedikta Lardet starb in jungen Jahren. Ihre Nachfolgerin wurde Maria Filliat aus Misérieux, eine herrschsüchtige Person mit einem schwierigen Charakter. Für Katharina Lassagne war diese ein zusätzliches schweres Kreuz, das sie in Geduld trug.
Die Schule sollte sehr rasch zu einem vollen Erfolg werden. Die Mädchen strömten zahlreich herbei, und das gekaufte Haus erwies sich schon bald als zu klein. Da kein Schulgeld erhoben wurde, kamen auch die Mädchen aus den Nachbardörfern Savigneux, Misérieux, Villeneuve usw. und baten, die Schule besuchen zu dürfen. Es war unmöglich, die Kinder aus den Nachbarorten jeden Abend nach Hause gehen zu lassen; so musste nach Mitteln und Wegen gesucht werden, um diese zu beköstigen und zu beherbergen.
Pfarrer Vianney wollte eigentlich nur eine Volksschule gründen und stand nun vor der Tatsache, ein Internat einzurichten.

Aber er verlangte von den Eltern kein Geld, sondern bat nur um das nötige Bettzeug für die Unterbringung ihrer Kinder. Die Eltern ließen es sich darüber hinaus auch nicht nehmen, immer wieder Lebensmittel zur Verfügung zu stellen.
Mit dem Erreichten wollte sich Pfarrer Vianney jedoch nicht zufriedengeben. Er durfte nicht zulassen, dass nur die Kinder besser gestellter Eltern eine geordnete Volksschulausbildung erhielten, sondern auch vor allem an die Waisenkinder, die ärmsten aller Kinder. Daher entschloss er sich, für sie eine Zufluchtsstätte zu schaffen.
An einem Sonntag des Jahres 1827 eröffnete er seinen Pfarrkindern diesen Plan und bat sie um ihr Gebet, damit ihm von Gott die Erleuchtung zuteil werde, die er gerade in diesem Fall so dringend brauchte. Zunächst war ein Anbau an das bisherige Schulgebäude notwendig. Er kaufte daher ein weiteres Stück Land. Sobald mit den Bauarbeiten begonnen werden konnte, legte Pfarrer Vianney selbst Hand mit an und betätigte sich später als Hilfsmaurer, Hilfszimmermann und Hilfsdachdecker. In diesem Jahr entschloss er sich auch, keine Kinder aus den Nachbardörfern mehr in sein Internat aufzunehmen. Die Mädchen von Ars aber blieben nach wie vor als Externe in der Schule. Das Internat diente von Oktober 1827 an nur noch als Waisenhaus, und zwar unterschiedslos für Mädchen im Alter von acht bis zwölf Jahren. In seltenen Fällen nahm er auch solche von fünfzehn bis zwanzig Jahren auf.
Dem Waisenhaus gab Pfarrer Vianney den Namen „Haus der Vorsehung Gottes“. Dieser Name ist bis zum heutigen Tag für das Waisenhaus in Ars geblieben.

Geistlicher Vater im „Haus der Vorsehung Gottes"

Man kann das „Haus der Vorsehung Gottes“ in seiner Bedeutung im Leben des Pfarrers von Ars kaum hoch genug schätzen, war er doch der geistliche Vater all der jungen Mädchen, die durch dieses Haus gingen und dort ihre Ausbildung für das Leben erhielten. Er war aber auch in väterlicher Weise um die Erzieherinnen besorgt, die sich dieser schweren Aufgabe widmeten. Seine ohnehin kurze freie Zeit verbrachte er fast restlos im „Haus der Vorsehung Gottes“. Dort aß er auch regelmäßig, um seinen so schon geschwächten Körper, den er scherzhaft „meinen Leichnam“ nannte, bei Kräften zu erhalten. Das aber war nur das Äußerliche seines Werkes. Das „Haus der Vorsehung Gottes“ war für Pfarrer Vianney ein geistliches Bollwerk, eine geistige Macht, ein Mittelpunkt eifrigen Gebetes. Immer wieder ließ er die Kinder und Erzieherinnen in der Meinung beten, die er ihnen empfahl. Ganz besonders innig bat er um das Gebet für die Bekehrung der Sünder. Katharina Lassagne sagte von den Kindern im „Haus der Vorsehung Gottes“: „Dem Pfarrer lag das Seelenheil der Kinder ganz besonders am Herzen. Täglich kam er in sein ‚Haus der Vorsehung Gottes‘, um den Religionsunterricht zu halten. Das tiefe Gebetsleben des Dieners Gottes wirkte sich gerade in seinem Religionsunterricht besonders aus: die armen Kinder, vor allem die größeren Mädchen, waren zutiefst von dem ergriffen, was er ihnen über die Wahrheiten der heiligen Religion darlegte, und von den Weisungen, die er ihnen gab, wie sie sich in ihrem weiteren Leben zu verhalten hätten, um den Absichten Gottes gerecht zu werden. Es gab kaum ein Kind, das

nicht eine Generalbeichte bei ihm abgelegt hätte. Kamen die Kinder zu ihm in den Beichtstuhl, dann ließ er sich Zeit, weil er diese Gelegenheit benutzte, sie noch tiefer in die göttlichen Wahrheiten einzuführen. Bei den Kindern war denn auch ein offensichtlicher Wandel festzustellen. Sie wurden zu echten Christen, die sich im späteren Leben in allen Lebenslagen als solche bewährten ... Mehrere von ihnen wurden Ordensfrauen, andere ausgezeichnete Familienmütter oder bewährten sich sonst. Nur ganz wenige gerieten auf die schiefe Bahn.
Ich habe es dem Herrn Pfarrer persönlich gesagt, dass erst am Tag des Letzten Gerichts offenbar werde, was in diesem Hause Gutes geschehen ist."

Für den Pfarrer von Ars wurde es ein sehr hartes Opfer, als er zehn Jahre vor seinem Tod sowohl auf die Leitung als auch auf das Eigentumsrecht dieses Werkes verzichten musste. Das darf an dieser Stelle nicht vergessen werden. Die Schulverwaltung hatte sich eingeschaltet und Beanstandungen erhoben, dass die Unterbringungsmöglichkeiten für die Kinder im „Haus der Vorsehung Gottes" bei weitem nicht ausreichten. Dort, wo nach ihrer Meinung zwanzig Kinder hätten aufgenommen werden dürfen, habe man bis sechzig, ja zuweilen noch mehr beherbergt. Darüber hinaus beschwerte sich eine Anzahl „besserer Leute" in Ars, ihre Mädchen würden mit Waisenkindern erzogen, und man könne das ihrem Standesbewusstsein nicht zumuten. Der Bischof von Belley ordnete im Jahre 1849 an, Pfarrer Vianney solle sein „Haus der Vorsehung Gottes" mit allen Nebengebäuden und Einkünften einer Ordensgesellschaft übergeben, und zwar den Schwestern vom heiligen Joseph von Bourg.
„Das war für Pfarrer Vianney ein schweres Opfer (und nicht minder für Katharina Lassagne, ohne dass sie es erwähnt),

weil er glaubte, nachdem er alles abgetreten hatte, kein Recht mehr zu haben, sich irgendwie in die Dinge einmischen zu dürfen, da es anderen gehörte. Er zog sich ganz zurück. Zeitweise behielt man noch eine Anzahl Kinder im Haus, entließ sie aber später und beschränkte sich darauf, die Mädchen des Ortes kostenlos zu unterrichten …“

Auf das „Haus der Vorsehung Gottes“ werden wir noch einmal zurückkommen, wenn von den Wundern die Rede ist, die zu Lebzeiten des heiligen Pfarrers darin geschahen.

Die Katechesen von Ars

Die Gründung des „Hauses der Vorsehung Gottes“ hatte ganz unvorhergesehene Ergebnisse im Gefolge: von dort nahmen die „Katechesen von Ars“ ihren Ausgang.
Wie schon gesagt, ließ Pfarrer Vianney es sich nicht nehmen, den Kindern täglich Religionsunterricht zu erteilen. Dabei ging er nach einem ganz bestimmten System vor:
Von Allerheiligen bis zum Tag der Erstkommunion ließ er täglich die Jungen von Ars in die Pfarrkirche kommen, um diesen dort den Religionsunterricht zu erteilen. Da die Leute von Ars zu den Frühaufstehern gehörten, begann der Religionsunterricht bereits um 6 Uhr morgens. Im „Haus der Vorsehung Gottes“ aber begann die Religionsstunde erst ab 11 Uhr vormittags, nachdem der andere Unterricht zu Ende war.
Der Schulunterricht der Mädchen schloss mit der Litanei der Vorsehung Gottes. Sobald diese zu Ende war, betrat der Pfarrer das Klassenzimmer und begann seinen Unterricht. Anfänglich fand er immer nur die Kinder mit ihren Lehrerinnen vor. Als aber Ars nach und nach zu einem Pilgerort geworden war und die Menschen von weit her, ja selbst aus dem Ausland hierher strömten, um bei Pfarrer Vianney zu beichten und sich Rat zu holen, dauerte es nicht lange, dass diese sich an der Schultür aufstellten, um von draußen dem Religionsunterricht der Kinder beiwohnen zu können. Nach und nach versuchten die Pilger sogar, zu dem Schulraum selbst Zutritt zu erhalten. Schließlich wurde die Zahl der erwachsenen Zuhörer so groß, dass die Schule nicht mehr ausreichte und auch die Mädchen zum Religionsunterricht in die Kirche mussten, und zwar seit 1845.

Von dieser Zeit an hielt Pfarrer Vianney täglich seinen Katechismusunterricht bis zu seinem Tod im Jahre 1859 um 11 Uhr in der Kirche im Beisein zahlreicher Pilger, angesehener Männer, Prälaten und berühmter Prediger. Er verstand es in geradezu prachtvoller Weise, Kindern und Erwachsenen die Wahrheiten der Religion darzustellen und anhand von Beispielen aus dem Leben der Heiligen deutlich vor Augen zu führen. Man war ganz erstaunt, wie er ungeachtet seines schlechten Gedächtnisses seine Zuhörer der Beispiele wegen in seinen Bann zu schlagen verstand. Seine Katechesen glichen wohlabgewogenen Predigten und waren ganz vom Feuer göttlicher Liebe erfüllt.
Hier in der Kirche sprach Pfarrer Vianney ja vor dem Tabernakel. Die Gegenwart Gottes kam bei ihm auch schon rein äußerlich so stark zum Ausdruck, dass er es ablehnte, seine Katechese mit dem Rücken nach dem Tabernakel zu halten. Er hatte auf der rechten Kirchenseite eine Art Podium angebracht. Von dort aus sprach er mit solch glühendem Eifer, dass er oft ganz überwältigt wurde und kaum mehr weiter sprechen konnte. So sehr war seine Seele bis ins Innerste ergriffen.
Wenn wir vom inneren Leben dieses großen Mannes berichten, werden wir noch mehr darüber sagen.

Zwei Ordensgemeinschaften in Ars

Es könnte der Eindruck entstehen, Pfarrer Vianney habe außer dem Religionsunterricht für die Ausbildung der Jungen in seiner Pfarrei nicht viel übrig gehabt. Wollte man das annehmen, dann würde man sich sehr irren.

Auch die Knabenschule hielt Pfarrer Vianney aufrecht. Soweit die geschichtlichen Quellen vorhanden sind, dürfte feststehen, dass Ars bereits kurz nach 1823 einen ständigen Volksschullehrer hatte.

Katharina Lassagne schreibt in ihren Aufzeichnungen: „Der Herr Pfarrer bemühte sich, für die Jungenschule einen guten und bekannten Lehrer ausfindig zu machen, bis es soweit war, dass ein junger Mann aus der Pfarrei als Lehrer den Schuldienst übernehmen konnte. Dann ging er ans Werk, um die Genossenschaft der Brüder von der Heiligen Familie zu gründen. Das geschah bald, nachdem er sein ‚Haus der Vorsehung Gottes' den Schwestern vom heiligen Joseph übergeben hatte. Die Brüder hielten im Jahre 1850 ihren Einzug in Ars."

Wie nachträglich aus den Archiven festgestellt wurde, kamen die Brüder von der Heiligen Familie schon am 10. März 1849 nach Ars. Der junge Mann aus Ars, von dem Katharina Lassagne als Volksschullehrer in Ars spricht, hieß Johannes Pertinand. Dieser Lehrer war ein treuer Freund des Pfarrers Vianney und zählt zu den Hauptzeugen in seinem Seligsprechungsprozess.

Seine Sorge für das Gotteshaus

Neben dem Schulwesen lagen Pfarrer Vianney ganz besonders die Ausbesserung und Verschönerung der Pfarrkirche und die Erneuerung der kirchlichen Gewänder am Herzen. Durch einen kaiserlichen Erlass vom 20. Juni 1821 wurde Ars, das bis dahin offiziell nur eine Filiale von Misérieux war, amtlich zu einer Pfarrei erhoben.

Schon gleich nach seiner Ankunft in Ars ging Pfarrer Vianney ans Werk, seine Kirche so gut wie möglich in einen würdigen Zustand zu setzen. Der Glockenturm war bereits so baufällig geworden, dass man nicht einmal mehr die Glocke zu läuten wagte, weil man fürchtete, der Turm könne einstürzen und auf den anliegenden Friedhof fallen. Auf sein Drängen hin ließ der Ortsbürgermeister bereits im August 1819 mit den Wiederaufbauarbeiten des Turmes beginnen. Diesmal wurde er aus roten Ziegeln in Quadratform errichtet. Zwei einander gegenüberliegende Fenster im romanischen Stil wurden mit vorgesehen und gaben dem Ganzen ein gefälliges Aussehen. Kaum war der Kirchturm vollendet, stiftete Pfarrer Vianney eine zweite Glocke, die er „Rosenkranzglocke" nannte.

Um die Kirche nach und nach zu vergrößern, baute er einige Seitenkapellen an, die heute noch vorhanden sind. Vorher bestand die Kirche nur aus dem Hauptschiff. Hören wir, was die treue Katharina Lassagne darüber berichtet: „Alsdann (nachdem der Glockenturm fertiggestellt war) begann er mit dem Anbau der Muttergottes-Kapelle, die am 6. August 1820 eingeweiht wurde. Dieser folgten im Jahre 1323 die St. Johannes-Kapelle und die St. Philomena-Kapelle (vor

1836). Schließlich die Engel-Kapelle und die Leiden-Christi-Kapelle. All diese Anbauten kosteten ihn viel Geld. Er bat seine Pfarrkinder aber nicht, ihm zu helfen, noch veranstaltete er Kollekten. Ich weiß nur, dass er sich an wohlhabende Leute wandte, die mit vollen Händen gaben … Immer wieder kam die Vorsehung Gottes ihm zu Hilfe und hat stets dafür gesorgt, dass er seine Rechnungen zu zahlen in der Lage war."

Auch sagt Katharina, er habe „um das Ganze zu schützen, Holzschutzwände (an den Umfassungsmauern der Kirche) angebracht und diese später selbst angestrichen".

Die Verschönerung im Innern der Kirche führte Pfarrer Vianney mit allen Mitteln durch. Gute Statuen und Heiligenbilder waren auch für die Pfarrkirche in Ars eine Notwendigkeit. Er selbst bekennt: „Zuweilen ist es nötig, dass wir ein Bild vor unseren Augen haben, um uns zu bekehren: oft rühren uns die Bilder fast ebenso stark wie die Dinge selbst, die sie darstellen."

Noch viel größeres Gewicht aber legte er auf die kirchlichen Gewänder und die Altarwäsche. Für die Eucharistiefeier konnte ihm kein Messgewand und Altarschmuck schön genug sein. Es wäre Pfarrer Vianney unmöglich gewesen, alles in dem Ausmaß anzuschaffen, hätte er nicht einen Gönner gehabt, der durch seine großherzigen Gaben ihm immer wieder zur Seite stand und ihm viel Kummer und Leid, das er ertragen musste, linderte. Der Name dieses edlen Mannes ist unzertrennlich mit dem des Pfarrers Vianney verbunden: es handelt sich um den Vicomte Garnier des Garets d'Ars, einen Bruder des Schlossfräuleins d'Ars in Ars.

Dieser Vicomte lebte in Paris. Seine Schwester teilte ihm mit, Ars habe einen neuen Pfarrer bekommen. Im Jahre 1819 verlebte er seine Ferien im Schloss von Ars. Damals machte er die Bekanntschaft von Pfarrer Vianney und war sofort für ihn eingenommen. In allen Briefen, die er später an seine Schwester nach Ars schrieb, kehrte regelmäßig der Ausdruck wieder: „... der seeleneifrige und ehrwürdige Pfarrer".

Er ging noch weiter. In einem Schreiben vom 18. Oktober 1822 nach Ars heißt es: „Die Dorfkirche kann niemals prächtig und herrlich genug ausgestattet werden, so wie ich mir das vorstelle." Kaum hatte er diesen Brief abgeschickt, gab er den besten Fabrikanten kirchlicher Kunst in Paris die entsprechenden Aufträge zur Ausstattung der Kirche in Ars. Am 5. Mai 1823 kündigte er in einem Brief die Ankunft von drei silberbestickten Fahnen an. Ein vergoldetes Messgewand und die passende Ornamentierung des Hochaltars für die hohen Feste, ein schwarzes Messgewand für Sterbeämter und die violetten Gewänder für Karfreitag folgten. Weiterhin versprach er einen Traghimmel für die Fronleichnamsprozession, damit diese in ihrem ganzen Glanz gefeiert werden könne. Leider war dieser Traghimmel so ungeschickt angefertigt worden, dass er nicht in die Kirche hineingetragen werden konnte. Das war aber kein Grund, den Spender zu entmutigen: er erklärte sich bereit, die ganze Kirchenfront zu erneuern und den Eingang zur Kirche auf seine Kosten vergrößern zu lassen. Diesem Umstand ist es zu verdanken, dass wir heute noch den Eingang zur Kirche in Ars so vorfinden, wie er damals ausgebaut worden war. Es führte zu weit, wollten wir alles aufzählen, was der Vicomte für die Kirche in Ars getan hat. Kurz gesagt: er hatte immer wieder eine offene Hand, wenn sich etwas als notwendig erwies. Die Freude des Pfarrers kann man sich wohl vorstellen. Sie war so groß, dass er bei Eintreffen der Kisten sogar Vorübergehende bat, schauen zu kommen, welche Herrlichkeiten eingetroffen seien. Gleich einem Kind, das vor all seinen kindlichen Schätzen steht, lachte und weinte er zugleich und rief aus: „Im Himmel aber wird das alles noch viel schöner sein!“

Leiden und Schmähungen ausgesetzt

Bei seinem heiligmäßigen Lebenswandel und den großen Erfolgen im Beichtstuhl konnten einem Pfarrer Vianney Leiden und Prüfungen nicht erspart bleiben.
Wer die Höhenpfade auf dem Weg zum Himmel beschreiben will, muss sich auf viel Kreuz und Leid gefasst machen. Für den Menschen gibt es keine leichte Heiligkeit.
Das sollte auch Pfarrer Vianney erfahren. Sein ganzes Leben war ein beständiges Auf und Ab. Neben den großen Begnadigungen, die ihm zuteil wurden, hatte er ständig schweres Leid zu ertragen. Nicht nur die teuflischen Nachstellungen machten ihm dauernd zu schaffen, der Teufel wusste sich auch menschlicher Werkzeuge zu bedienen, um dem heiligmäßigen Priester Leid zuzufügen.
Wie gehässig gingen zum Beispiel Gastwirte oder Veranstalter von Tanzfesten gegen den jungen Pfarrer vor, denen er nach und nach immer mehr Menschen abspenstig zu machen verstand.
Wenn man es auch in Ars selbst nicht wagte, allzu offen gegen das Wirken des Pfarrers vorzugehen, so verschrie man ihn doch weit und breit als einen übertrieben strengen Priester. Ja, man nahm seine Zuflucht sogar zu den Pfarrern der Nachbarorte, damit diese mäßigend auf ihn einwirken sollten.
Doch nicht genug damit: niederträchtige Menschen gingen so weit, Pfarrer Vianney in der gemeinsten Weise zu verleumden und das Gerücht in die Welt zu setzen, man sehe ihm bei seiner Hagerkeit schon von außen an, welch liederlichen Lebenswandel er führte. Immer wieder waren Spottlieder über ihn zu hören, anonyme Schmähbriefe kamen

bald von hier, bald von dort, ja, man hing an der Tür des Pfarrhauses ein Plakat mit den niederträchtigsten Schmähungen gegen Pfarrer Vianney auf. Katharina Lassagne schreibt darüber: „In diesen Zeiten wurde er öffentlich geschmäht und verachtet. Man scheute sich nicht, bis vor sein Fenster vorzudringen, Pfeifkonzerte zu veranstalten und ihm Schmähbriefe ins Haus zu schicken. Er aber regte sich darüber nicht auf, fuhr fort zu beten, am Heil der Seelen zu arbeiten, ohne sich zu beklagen, und setzte sein strenges Leben weiterhin fort. Er sagte später, jene Zeit, da man ihn verfolgte, sei die wertvollste seines ganzen Lebens gewesen."
Pfarrer Vianney hat das alles weder ungerührt gelassen, noch hat er das Bittere nicht empfunden. Er war überaus temperamentvoll und hätte ohne sein tugendhaftes Leben sehr unbequem werden können. Aber er hatte sich in der Hand.
Katharina Lassagne berichtet darüber: „Ich habe durch irgend jemanden, dem er sich anvertraute, erfahren, dass in der ersten Zeit seines Wirkens in Ars eines Tages ein junger Mann ins Pfarrhaus kam und ihn mit seinem dummen Geschwätz belästigte. Pfarrer Vianney hörte sich alles stillschweigend an, begleitete ihn anschließend bis an die Tür und verabschiedete sich von ihm, indem er ihn umarmte. Das brachte er aber nur unter Aufbietung seiner ganzen Willenskraft zustande, denn als er ins Pfarrhaus zurückkehrte, war er in Schweiß gebadet ..."
Pfarrer Vianneys Geduld sollte aber auf eine viel härtere Probe gestellt werden: es dauerte nicht lange, da wurde er erneut bei seinem Bischof angeschwärzt. Der Bischof ordnete daraufhin eine Untersuchung gegen Pfarrer Vianney an. Der Dechant von Trevaux wurde mit dieser Untersuchung beauftragt. Wie sehr der Pfarrer unter dieser Sache litt, kann

man sich leicht vorstellen. Er selbst gestand später: „Hätte ich ahnen können, was mich alles in Ars erwartete, ich wäre bei meiner Ankunft hier plötzlich gestorben."

Nachdem die vom Bischof angeordnete Untersuchung eingeleitet war, glaubte Pfarrer Vianney, es sei wohl das Beste, seinen Bischof um eine Versetzung zu bitten. Ein Augenzeuge dieser Leidenstage hat im Seligsprechungsprozess ausgesagt: „Pfarrer Vianney war von allem, was man ihm nachsagte, so mitgenommen, dass er entschlossen war, seine Pfarrstelle aufzugeben. Er hätte das auch getan, wäre nicht eine Person dazwischengetreten, die ihm klarmachte, dass sein Weggang von Ars zweifellos als eine Bestätigung dessen angesehen werde, was man an Schmähungen über ihn in die Welt gesetzt hatte."

Was also sollte geschehen? Pfarrer Vianney gab sich ganz in die Hände Gottes. Darüber hinaus hüllte er sich in Schweigen. Allen, die bestrebt waren, ihm Böses zuzufügen, suchte er Gutes zu erweisen. Kam er mit Freunden über die Dinge ins Gespräch, dann sagte er: „Wir müssen für diese Menschen beten."

Einem Geistlichen, der sich bei Pfarrer Vianney beklagte, dass er verfolgt werde, erwiderte er: „Handeln Sie so wie ich: ich lasse die Menschen über mich reden, was sie wollen. Auf diese Weise bringe ich sie am schnellsten zum Schweigen."

Dessen ungeachtet gestand er im Februar 1834: „Ich glaubte, eines Tages würde ich mit Stockschlägen aus Ars verjagt, wenn der Bischof mich verurteilte, und ich müsste meine Tage im Gefängnis beschließen." Nicht genug mit all diesem bitteren Leid, sollte nun auch der Tag nahen, an dem der Teufel unmittelbar sein Unwesen mit dem heiligen Priester treiben durfte und ihn gleich dem armen Ijob heimsuchte.

Im Kampf mit dem Teufel

Was die Biographen des Pfarrers von Ars an „Teufeleien" berichten, unter denen er zu leiden hatte, trifft zu und ist durch unwiderlegliche Zeugen bewiesen.

Nicht weniger als 34 Jahre, von 1824 bis 1858, hatte Pfarrer Vianney unter den Nachstellungen Satans bitter zu leiden. Hand in Hand damit gingen unvorstellbare Versuchungen der Verzweiflung, so dass er ein Martyrium schlimmster Art zu erdulden hatte. Pfarrer Vianney meinte, er sei ewig verloren, und sah sich bereits in der Hölle. Immer wieder glaubte er in seinem Innern die Stimme zu vernehmen: „Jetzt steht fest, dass du in die Hölle kommst."

Das alles war nichts anderes als eine Versuchung und ein jahrelang hindurch ertragenes seelisches Leiden schwerster Art. Um begreiflich zu machen, was im Folgenden berichtet wird, halten wir es für wichtig, kurz zu erläutern, was die Gottesgelehrten über die Einwirkung Satans auf die Menschenseelen erklären: Vor allen Dingen sind es die Versuchungen des Teufels, denen niemand auf dieser Welt zu entgehen vermag. An zweiter Stelle steht die innere Beunruhigung, die für gewöhnlich im Menschenleben selten vorkommt, aber im Leben des heiligen Pfarrers von Ars sich immer wieder zeigte. Schließlich müssen noch die äußere und innere Umsessenheit und die Besessenheit des Teufels erwähnt werden.

Diese Dinge sind so schwerwiegend, dass wir es für das Beste halten, Katharina Lassagne darüber ausführlich berichten zu lassen:

„In jenem Jahr, da Pfarrer Vianney sich anschickte, die Mädchenschule zu gründen – ich glaube, es war 1824 und wir, Benedikt Lardet und ich, uns bei den Schwestern vom heiligen Joseph in Fareins befanden, kamen wir eines Samstags nach Ars zurück, um dort den Sonntag zu verbringen. An einem dieser Tage erzählte mir der Pfarrer, dass er sich sehr beunruhigt fühle, weil er nachts im Pfarrhaus Geräusche wahrnehme. Er nehme an, es handele sich um Diebe oder um jemanden, der ihm Böses antun wolle …

Eigenartig ist, dass dies gerade in dieser Zeit geschah, da man die Schmähungen und Verleumdungen gegen Pfarrer Vianney in die Welt setzte. Das gegen ihn inszenierte Werk war so furchtbar, dass er annehmen musste, man trachte ihm nach dem Leben. Aber er dachte nicht daran, dass hier der Teufel sein Unwesen treibe … "

Katharina Lassagne fährt in ihrem Bericht fort: „Es dauerte nicht lange, da entschlossen sich mehrere junge Männer aus Ars, nachts das Pfarrhaus mit Gewehren zu bewachen, um so den Pfarrer zu schützen. Die einen saßen im Glockenturm, die andern gingen um das Pfarrhaus.

Einer der jungen Männer, ein gewisser Verchère, der im Nebenzimmer des Pfarrers Nachtwache hielt, schreckte plötzlich auf, als er ein gewaltiges Geräusch vernahm. Es kam ihm vor, als breche ein Kleiderschrank zusammen, der sich in dem Zimmer befand. Der junge Mann war so entsetzt, dass er in das Zimmer des Pfarrers lief und diesen um Hilfe rief. Pfarrer Vianney sagte später: ‚Der arme Verchère hatte ganz vergessen, dass er ja ein Gewehr zur Verfügung hatte. Er glaubte, er sei verloren.'" Erwähnt sei an dieser Stelle, dass Andreas Verchère, der 1879 starb, zweimal im Seligsprechungsprozess aussagte und das Geschilderte bestätigte.

Er war es auch, der zu Pfarrer Vianney sagte: „Ich glaube, es ist der Teufel!"

Seine Aussage schloss Verchère mit den Worten: „Nachdem das Geräusch aufgehört hatte, legten wir uns wieder hin. Als der Pfarrer am folgenden Abend zu mir kam und mich bat, erneut mit ihm ins Pfarrhaus zu gehen, erwiderte ich: ‚Nein, Herr Pfarrer, mir reicht es!'"

Pfarrer Vianney glaubte immer noch nicht, dass der Teufel am Werk sei. Er suchte nach einer natürlichen Erklärung der Vorgänge.

„Der heilige Pfarrer", so fährt Katharina Lassagne in ihrem Bericht fort, „wollte sich anfänglich selbst schützen. Er nahm eine Heugabel mit in sein Schlafzimmer, die er griffbereit stellte, denn er sagte, dass er immer wieder höre, wie man den Vorhang an seinem Bett zerreißen wolle und fürchte, am folgenden Morgen diesen in Fetzen zu finden. In seiner Not griff er dann nach der Gabel, denn er bildete sich ein, es seien Ratten, die an dem Vorhang zerrten. Am nächsten Morgen jedoch stellte er fest, dass er noch ganz war.

Als es eines Nachts schneite, erschallten auf dem Pfarrhof Schreie. Aber am folgenden Morgen waren keinerlei Spuren im Schnee zu sehen. Nun musste Pfarrer Vianney sich selbst sagen, dass es keine Diebe seien, die um das Pfarrhaus schlichen und ihn in seinem Schlaf störten. Von diesem Tag an schickte er die jungen Männer nach Hause und wollte nichts mehr von einer weiteren Bewachung des Pfarrhauses wissen ..."

Seitdem stand es für Pfarrer Vianney endgültig fest, mit wem er es zu tun hatte. Mit einer wahrhaft heiligen Energie raffte er sich auf, um sich auf den Kampf vorzubereiten, von dem er wusste, dass er ihm nicht ausweichen könne.

Es ist ein Segen, dass wir in Katharina Lassagne eine Kronzeugin besitzen. Sie berichtet: „Nachdem er selbst davon sprach, weiß man, was er alles an Nachstellungen des bösen Feindes zu erdulden hatte. Der Teufel klopfte an seine Tür und rief ihm mit kreischender Stimme zu: ‚Vianney! Vianney!'

‚Der Teufel hat diese Nacht an meine Tür angeklopft', sagte er einige Male, ‚aber ich habe ihm keine Antwort gegeben, und dennoch kam er herein. Den Wassertopf, der auf dem Kamin stand, benutzte er als Trommel. Immer wieder begann er von neuem darauf herum zu trommeln.'
‚Ein anderes Mal', so berichtete er, ‚schien es mir, als befinde sich ein schweres Pferd unter meinem Zimmer, das dauernd in die Höhe sprang und mit seinen Hufen an die Decke schlug, um alsdann erneut auf seine Beine zurückzufallen.'
Wiederholt hat er mir gesagt, dass er nachts ganze Regimenter Österreicher und Kosaken vor seinem Fenster gehört habe, die eine unverständliche Sprache redeten und ihn nicht zur Ruhe kommen ließen.
Eines Tages sagte mir der Pfarrer: ‚Tun Sie kein Stroh in mein Bett, denn wenn zuviel Stroh drin ist, wirft der Teufel es heraus.' Ich begriff, was er damit sagen wollte. Statt mitten in sein Bett, hatte Pfarrer Vianney es sich zur Gewohnheit gemacht, sich so nahe wie möglich an den Bettrand zu legen, so dass er praktisch auf den Brettern lag. Der Teufel hätte leichteres Spiel gehabt, ihn aus dem Bett zu werfen, wenn sich mehr Stroh im Strohsack befunden hätte.

Ein anderes Mal sagte er: Der Teufel kam diese Nacht. Er legte sich unter meinen Kopf und suchte sich einzuschmeicheln. Er stieß ein Jammergeschrei aus wie ein Kranker und Sterbender.' Als Pfarrer Vianney eines Tages in der Nähe des Ofens sein Brevier betete, hörte er plötzlich ein Geräusch, als ob Kies ausgeschüttet und Getreidesäcke geleert würden. Da er annahm, es sei wieder einmal der Teufel, der sein Unwesen treibe, erklärte er: ‚Ich nehme meine Zuflucht zur göttlichen Vorsehung und werde ihr berichten, wie du es treibst, damit sie dich mit Verachtung strafe.' Er kam und berichtete uns diesen Vorfall. Der Teufel ließ bald von seinem Treiben ab.“ Gerade dieser Hinweis von Katharina Lassagne zeigt uns die Taktik, mit der der heilige Pfarrer gegen den Teufel vorging. Schließlich hatte er sich an die Angriffe des Bösen gewöhnt, den er mit. einem Schimpfwort bezeichnete. Er betrachtete ihn als etwas, mit dem man sich im Leben abzufinden habe, und verachtete ihn. Es gibt übrigens keine bessere Methode, um mit dem Teufel fertig zu werden, als ihn zu verachten.

Immer wieder hatte Pfarrer Vianney unter dem Teufel zu leiden. In allen möglichen Formen erfolgten diese Nachstellungen und Belästigungen.

Hören wir weiter, was Katharina Lassagne zu berichten weiß: „Wieder ein anderes Mal kam es Pfarrer Vianney vor, als komme jemand mit schweren Stiefeln die Treppe herauf und trete in sein Zimmer ein, ohne dass er jemanden erblicken konnte.

Die nächtlichen Besuche des Teufels wurden immer häufiger, sie stellten sich besonders dann ein, wenn – wie der Diener Gottes berichtete – ein Sünder außerhalb von Ars sich bekehren wollte. In der Tat: kurze Zeit später erschien dieser Sünder in Ars, um bei Pfarrer Vianney zu beichten und sich mit Gott auszusöhnen. Dass der Teufel damit keineswegs einverstanden war, lässt sich denken.“

Wer etwa annehmen möchte, dass es sich dabei um harmlose Lausbubenstreiche des Teufels handelte – da ja hier die Raffiniertheit und Gerissenheit Satans kaum in Erscheinung traten –, dem darf gesagt werden, dass der Teufel nur soviel Einfluss auf den Menschen ausüben kann, wie Gott zulässt. Auch muss darauf hingewiesen werden, dass der Mensch in solchen Kämpfen nicht allein dasteht und Pfarrer Vianney ein ganz be-

sonderer Beistand der göttlichen Gnade durch Gebet und das Anflehen seines Schutzengels zuteil geworden ist.
In Ars wurde nur zu gerne über alles gesprochen, was Pfarrer Vianney zu erdulden hatte. Kein Wunder, dass die Pfarrer der Umgebung bald darüber unterrichtet waren. Diese aber glaubten, das sei nichts anderes als die Folge der schweren Entbehrungen, die Pfarrer Vianney sich auferlege; sein Nervensystem sei so angegriffen, dass er Gespenster sehe.
Im Dezember 1826 macht sich Pfarrer Vianney auf den Weg nach Saint-Trivier, um dort zu predigen. Unterwegs betete er den Rosenkranz. In den Sommer- und Herbsttagen gehört es zu den Selbstverständlichkeiten in diesem Gebiet, dass bald hier, bald dort auf den Feldern Feuer brennen; im Winter kommt das aber nie vor. Umso mehr war Pfarrer Vianney überrascht, als sich seinem Auge mindestens ein Dutzend Feuerscheine von allen Seiten boten. Rings um ihn herum schien es an diesem Morgen zu brennen, und es kam ihm vor, als schreite er durch ein Feuermeer. Auf diesem über zweistündigen Weg konnte er sich des Gedankens nicht erwehren, als verfolge ihn der Teufel und wolle ihn durch den Feuerschein einschüchtern und zum Zurückkehren bewegen.
Da in Saint-Trivier besondere kirchliche Festlichkeiten stattfanden, waren auch noch andere fremde Geistliche anwesend. Am Abend machte sich aus dem Zimmer, das Pfarrer Vianney für die Nacht zugewiesen worden war, ein eigenartiges Geräusch bemerkbar. Seine geistlichen Mitbrüder beschwerten sich darob bei ihm. Er aber antwortete in aller Ruhe: „Das ist der Teufel … Der ist wütend über all das Gute, das in diesen Tagen hier geschieht …“ Seine Konfratres lachten ihn aus und glaubten, die Gelegenheit sei günstig, ihm einmal ins Gesicht zu sagen, was sie dachten: „Sie

essen und schlafen zu wenig, und Ihr ganzer Kopf ist infolgedessen durcheinander geraten …"
„Wenn das mein Kopf sein soll", gab er in aller Schlichtheit zur Antwort, „wie soll es dann möglich sein, dass Sie Geräusche wahrnehmen?" Sonst sagte er kein Wort.
In der folgenden Nacht aber erhob sich ein Getöse, als stürze das ganze Haus ein. Alles sprang aus den Betten, und man glaubte, eine Katastrophe zu erleben. Anwesend waren noch der Ortspfarrer Grangier, sein Vikar Benoit und der Diözesanmissionar Chevalon. Auch das Dienstmädchen war aufgestanden und wusste nicht, was vor sich ging. Gerade in diesem Augenblick erhob sich ein Getöse im Zimmer des Pfarrers Vianney, so dass alle wie aus einem Mund ausriefen: „Man ermordet ihn! Man ermordet ihn!" Mit diesen Worten stürzten sie zur Tür und liefen in sein Zimmer. Dieser aber lag im Bett und schlief friedlich. Es fiel ihnen nur auf, dass das Bett in die Mitte des Zimmers gerückt worden war.
„Das war der Teufel", erklärte er am folgenden Morgen ruhig, „der hat das Bett in die Mitte des Zimmers gerückt und den ganzen Lärm verursacht. Das macht aber nichts … Ich bedaure nur, dass ich Ihnen das alles nicht im voraus gesagt habe. Aber das Ganze ist ein gutes Zeichen: morgen werden wir einen ‚großen Fisch' einheimsen."
Bis zum folgenden Abend hatte sich jedoch nichts Außergewöhnliches ereignet. Da sah man einen vornehmen Reitersmann auf Pfarrer Vianney zuschreiten, von dem bekannt war, dass er seit langem seinen religiösen Pflichten nicht mehr nachkam. Es gehörte ja zur damaligen Zeit zum guten Ton der vornehmen Leute, dass sie sich nicht um Religion und Kirche kümmerten. Nun kniete dieser Mann im Beichtstuhl des Pfarrers Vianney nieder und bekannte seine Sünden.

Das Beispiel dieses vornehmen Mannes, der den Weg zu Gott und seiner Kirche zurückgefunden hatte, machte weit und breit großen Eindruck. Katharina Lassagne fährt in ihrem Bericht fort: „Seit dieser Zeit hänselte man Pfarrer Vianney nicht mehr, sondern bekannte vielmehr von ihm: ‚Er ist ein Heiliger!' Seitdem begegnete man ihm mit der größten Ehrfurcht."
Die Kämpfe des Pfarrers Vianney mit dem Teufel und wie er ihm im Namen Gottes begegnete, wurden bald weit und breit bekannt. Kein Wunder, dass man deshalb immer wieder von allen Seiten seine Zuflucht zu ihm nahm, um den Teufel aus Besessenen auszutreiben. Der Diözesanbischof gab Pfarrer Vianney die ausdrückliche Erlaubnis, jederzeit von den ihm zustehenden Vollmachten Gebrauch zu machen.
Von den vielen Fällen sei nur ein einziger wiedergegeben, den Katharina Lassagne schriftlich festgehalten hat:
„Eines Tages kam eine Besessene, die nur von Zeit zu Zeit ernste Krisen in ihrem Leiden durchzumachen hatte, um bei Pfarrer Vianney zu beichten. Sie stand vor dem Beichtstuhl und wartete, bis sie an die Reihe kam. Als es soweit war, drängte der Pfarrer sie, sofort zu beginnen. Es entwickelte sich folgendes Zwiegespräch:
Der Teufel, der durch den Mund der Besessenen sprach, redete ganz laut, so dass alle Umstehenden Wort für Wort hören konnten:
‚Ich habe nur eine einzige Sünde begangen und von jener Frucht genossen, die ich allen darbiete, die davon ebenfalls kosten wollen. Erhebe deine Hand! Erteile mir die Absolution! Du erhebst ja deine Hand sonst zuweilen gegen mich. Oft befinde ich mich mit dir im Beichtstuhl!'
Der Pfarrer in lateinisch: ‚Tu quis es? – Wer bist du?'
Der Dämon: ‚Magister caput! – der Oberteufel! Du schwarze

Kröte, wie peinigst du mich! Immer wieder willst du dich davonmachen. Weshalb gehst du denn nicht deiner Wege! Warum machst du dich nicht schleunigst aus dem Staube?'
Der Pfarrer: ‚Ich habe keine Zeit!'
Der Dämon: ‚Die andern nehmen sich die Zeit reichlich. Warum predigst du so schlicht und einfach? Du wirst als Dummkopf angesehen! Der violette Rock (Bischof von Belley) hat dir geschrieben. Ich habe dafür gesorgt, dass er eine Sache vergessen hat zu schreiben, wie er es tun wollte …'
Der Pfarrer sagte, er habe wohl einen Brief seines Bischofs erhalten, aber nicht davon gesprochen, so dass niemand etwas davon wissen könne.
Der Pfarrer: ‚Ich werde dem Bischof schreiben, dass er mich ermächtigt, dich aus dem Körper dieser Person zu vertreiben.'
Der Dämon: ‚Ich werde deine Hand so zittrig machen, dass du gar nicht imstande bist, ihm zu schreiben, du schwarze Kröte! Ich werde auch dich noch bekommen. Ich habe schon ganz andere erledigt als dich … Noch bist du nicht gestorben. Wenn nicht die … da oben wäre (hier gebrauchte der Teufel eine Schmähung gegen die Gottesmutter), dann hätten wir dich schon. Aber sie wacht zu gut über dich mit diesem großen Drachen über dem Eingang der Kirche' (Kapelle des heiligen Michael und der heiligen Agnes vom Eingang der Kirche).

Das Zwiegespräch ging noch weiter. Der Satan schmähte den Bischof Devie von Belley ebenso wie den Bischof de Bonald von Le Puy, der inzwischen zum Erzbischof von Lyon ernannt worden war, die Priester ganz allgemein und den Pfarrer von Ars besonders. Diesem aber konnte er schließlich nur Gutes vorwerfen: ‚Weshalb stehst du morgens so früh auf? Auf diese Weise bist du dem violetten Rock gegenüber ungehorsam!'

Es wird uns zwar nicht berichtet, wer das letzte Wort bei dieser Auseinandersetzung hatte, aber wir dürfen annehmen, dass der heilige Pfarrer auch diesmal Sieger blieb.
Die ‚Beunruhigungen' durch den Teufel wurden im Laufe der Zeit seltener, besonders nach 1855 und hörten ein Jahr vor seinem Tod ganz auf ..."
Monseigneur Trochu schreibt: „Der Böse kam nicht mehr wieder, und Pfarrer Vianney fühlte sich ohne Bedauern frei von einem solchen ‚Weggefährten'; auch in der Todesstunde zeigte er sich nicht mehr, wie das vielfach bei Heiligen der Fall ist, um sie noch in letzter Minute zu beunruhigen. Vor dem Ende seiner irdischen Prüfung gelang es dem Pfarrer von Ars, dem Satan eine endgültige Niederlage zu bereiten."

Seelsorgsfreuden

Nach all dem Bitteren und Harten, was dieser Streiter Gottes hienieden zu erdulden hatte, geziemt es sich, auch von seinen Freuden und Triumphen zu sprechen.

Für Pfarrer Vianney gab es keine größere Freude, als am Fronleichnamsfest das Allerheiligste durch die Straßen von Ars zu tragen. Ganz besonders seit jenem Tag, da das Portal der Kirche vergrößert war und der geschenkte Baldachin die Prozession noch glanzvoller gestaltete, nämlich seit 1826.

In einer noch vorhandenen Schrift aus dem Jahr 1852 lesen wir: „Der Menschenstrom nach Ars hält nun schon mehr als 25 Jahre an. Wenn das Fronleichnamsfest naht, strömen die Menschen aus den umliegenden Dörfern und Städten nach Ars, um die ausgestellten herrlichen Paramente zu bewundern, die der Kirche durch die Großherzigkeit des Vicomte Prosper des Garets geschenkt wurden. Diese Geschenke, vor allem Baldachin, Monstranz und die Fahnen, werden als besonders wertvoll angesehen. Am Fronleichnamsfest selbst kommt alles in seinem Glanz so recht zur Entfaltung: die goldbestickten Chorröcke und die rubinbesetzte Monstranz – der Wetteifer der Bevölkerung von Ars bietet ein Bild von ganz besonderer Schönheit. Ehedem wurden diese Gegenstände acht Tage lang ausgestellt, und zwar zu der Zeit, da die Kirche von Ars berühmt zu werden anfing. Jetzt aber kommen die Besucher das ganze Jahr hierher. Der Ruf von dem heiligmäßigen Leben des Pfarrers Vianney ist die Ursache dieses Zustromes.

Es sei noch einmal ausdrücklich darauf hingewiesen, dass gerade durch die glanzvolle Feier des Fronleichnamsfestes und die große Frömmigkeit des Pfarrers Vianney Ars einen weltweiten Ruf erlangte.

Die Feier des Fronleichnamsfestes war für ihn und Ars Jahr für Jahr der Inbegriff der Freude.

Gerade deshalb erscheint es angebracht, einen Augenzeugen über die Feier des Fronleichnamsfestes in Ars berichten zu lassen. Wir greifen deshalb nochmals zu der vorgenannten Schrift, in der es von Fronleichnam 1847 in Ars heißt:

„Ich sitze auf einer Anhöhe am Rande eines großen Wiesengeländes, das sich vor mir ausbreitet, stützte meinen Kopf in die Hände und bin in Gedanken versunken. Plötzlich werde ich durch einen Kanonenschuss aufgeschreckt, der im Norden des Tales erschallt. Vom Süden her erfolgt ebenfalls ein dreifacher Kanonendonner. Gleich danach läutet die Glocke vom Kirchturm in Ars, und mein Blick ist dorthin gerichtet. Eine große Menschenmenge sehe ich der Kirche zuströmen – sie ist zu klein, um die Massen zu fassen. Weiter beobachte ich, wie Reiter auf schnaubenden Pferden dem Ort zueilen, und erblicke die im Wind wehenden Fahnen.

Schließlich werde ich mir bewusst: es ist ja Fronleichnam, das seit zwanzig Jahren in der hiesigen Gegend mit einem solchen Glanz gefeiert wird ... Ich steige also ins Tal hinunter, der Prozession entgegen. Welch ein Glanz bietet sich meinen Augen dar! Eine gewaltig große Prozession mit Menschen aus der ganzen Umgebung. Von allen Seiten sind sie mit ihren Fahnen hierhergekommen. Und nun folgen die Waisenkinder aus dem ‚Haus der Vorsehung' in ihren groben Kleidern, dann die Ordensfrauen aus den südlichen Strichen Frankreichs, die schon an ihren Stimmen zu erkennen sind und aus ganzem Herzen singen und beten. Ihnen reihen sich die reichen und eleganten Frauen an, junge Männer aus guten Häusern und

schließlich abgearbeitete Männer mit kahlen Schädeln, die ein ganzes Leben lang nichts anderes gekannt haben, als sich um das tägliche Brot abzumühen. Immer wieder ertönt dazwischen Kanonendonner von dies- und jenseits des Tales. Und nun setzt sich die Prozession in Bewegung: Der goldbestickte Baldachin, die kostbare Monstranz, die brokatenen Chormäntel und der ehrwürdige Pfarrherr, der den Gott aller durch die Straßen trägt. Am Dorfende, bevor man zum Schloss kommt, steht ein kunstvoll errichteter Altar. Der Weihrauchduft steigt in die Lüfte, und die Prozession zieht durch die Baumallee. Bald bleiben die Träger des Baldachins stehen, und zweitausend Menschen sinken auf die Knie nieder und neigen ihr Haupt zur Erde.
Mit zitternder Hand ergreift der Priester die Monstranz und gibt den Segen mit dem Allerheiligsten.

Mehr brauchen wir nicht zu sagen. Die Prozession setzt ihren Weg fort. Sie kommt zu einem zweiten Altar, der im Schlossbereich aufgebaut ist. Wieder ertönen Kanonenschüsse, wieder steigt Weihrauchduft zum Himmel empor, wiederum wird der Segen ‚beim Ertönen des silbernen Glöckleins' mit dem Allerheiligsten in der Monstranz erteilt … Dann kehrt die Prozession zur Kirche zurück. Diese Tage waren für Pfarrer Vianney der Inbegriff der Freude. Man brauchte nur sein Antlitz anzusehen, auf dem sich die freudige Ergriffenheit besonders bei der Fronleichnamsprozession widerspiegelte. Er erschien wie ein zweiter Christus, zu dem sich die Menschenmassen hingezogen fühlten und voller Vertrauen kamen, wie das Volk zum Heiland in Galiläa geströmt ist und Zuflucht suchte." Zweifellos war es das Fronleichnamsfest mit seinem ganzen Glanz, das die Menschen in besonderer Weise nach Ars zog.

Der Pilgerzustrom nach Ars

Er begann etwa um das Jahr 1827 und nahm bis zum Jahre 1859 immer größere Ausmaße an. Nach dem Tod des heiligen Pfarrers Vianney setzte er sich – nur in anderer Form – bis auf unsere Tage fort.

Seit den Tagen des Evangeliums und der Taufe des Johannes im Jordan und den Zeiten eines heiligen Vinzenz Ferrer hat man etwas Ähnliches nicht erlebt. Gleichwie Jesus zu den Juden gesagt hat, so hätte er auch zu den Arspilgern sagen können: „Was seid ihr in die Wüste hinausgegangen zu sehen? Etwa ein Schilfrohr, das vom Wind hin- und herbewegt wird? Nein, was denn? Einen Menschen in weichlichen Kleidern? Nein, Gewiss nicht." Greifen wir wieder auf jene Schrift von 1852 zurück, die wir bereits wiederholt anführten, und lassen uns vom Verfasser berichten:

„Pfarrer Vianney ist ein Mann von mittlerer Größe, von hagerer Gestalt und einem blassen Gesicht, das von Krankheit und Fasten völlig abgezehrt ist. Die Backenknochen treten scharf hervor, seine lebendigen Augen liegen tief in den Höhlen, sein ganzer Gesichtsausdruck gleicht dem spanischer Heiliger und ist von einem solch undefinierbaren Ausdruck, wie ihn nur ein Murillo wiederzugeben vermag.

Deshalb also kommt man hierher, um einen armen Landpfarrer, den Pfarrer einer der kleinsten und unbedeutendsten Pfarreien ganz Frankreichs sehen!

Wie ist dieses Geheimnis zu erklären?

Zunächst strömt man zusammen, um die glanzvolle Feier des Fronleichnamsfestes zu bewundern. Dann kam man, um den Pfarrer zu sehen, ihn um Rat zu fragen, ihm sein ganzes

Elend und seine Sündhaftigkeit anzuvertrauen, also zu beichten und die Absolution zu empfangen.
Gewiss, in jeder Pfarrei, die über einen Geistlichen verfügt, könnte man das alles haben, könnte man von seinen Sünden losgesprochen werden – aber hier in Ars erfolgt diese Lossprechung durch die Lippen eines Heiligen.
Eines Heiligen! Dieses Wort erklärt alles, und ohne dies ist die ganze Geschichte einfach nicht zu begreifen.
Kaum, dass er zum Pfarrer von Ars ernannt worden war, versprachen alle, die ihn von Dardilly, Ecully und Noes her kannten, ihn zu besuchen. Und sie hielten ihr Versprechen. Aber das war nicht der Anfang des eigentlichen Pilgerzustroms.
Durch seine 1826 in den Nachbarpfarreien gehaltenen Jubiläumspredigten wurde er über seine eigene Pfarrgemeinde hinaus bekannt. Man kam mit ihm in Berührung und pilgerte gerne zu ihm nach Ars, um Zuflucht bei ihm zu suchen. Und dennoch: auch das war noch nicht der eigentliche Pilgerzustrom. Man kam ja nicht nur aus der Umgebung zu ihm nach Ars, sondern aus ganz Frankreich."
Der Pilgerzustrom entwickelte sich nach und nach: einfach-schlichte und fromme Menschen waren es, die damit begannen. Wiederum müssen wir auf den Augenzeugen zurückgreifen, von dem wir bereits wiederholt aus seiner Schrift vom Jahre 1852 berichteten. Im Stil seiner Zeit beschreibt er das Ganze wie folgt: „Von allen Seiten strömen die Menschen zu Fuß nach Ars, gedrängt durch eine innere Stimme, die sie nach hier führt. Oft kamen sie, auf Stöcke gestützt, barfuß an. Weder die glühende Sonne noch Regen und Wind vermögen sie zurückzuhalten. Hunger und Durst, die sie erleiden, sind für sie eben ein Opfer, das sie auf ihrer Pilgerfahrt glauben bringen zu müssen. Sie kommen so, als

könnten sie hier alles finden, was ihr bedrücktes Herz erleichtert.
Schauen wir sie uns näher an: hier sind Bauersleute, die Tag für Tag in harter Arbeit ihrem Tagewerk auf den Feldern nachgehen … Und woher kommen sie? Aus den Landstrichen, der Rhône und den Nebentälern, die nur ein Malerauge festzuhalten vermag.
So ziehen sie an uns vorüber, die blassen Gesichter, die schon vom Herbst des Lebens gezeichnet sind und nach Ars eilen, um sich Kraft und Trost in ihren Seelennöten zu erbitten … Von allen Seiten kommen sie: von Forez, Rive-de-Gier und Saint-Etienne … Einer sagt es dem andern, dass in Ars ein Priester wirkt, zu dem man gehen muss , wenn das Seelenleid einen erdrücken will.
Von Lyon kommen die andern, und ihrer sind gar viele. Aus dieser arbeitsreichen Stadt: auf ihren Gesichtern drückt sich vielfach jene Not aus, die von der Ausnutzung der menschlichen Kraft durch unternehmende Kreise herrührt … "
Aber nicht nur Arme und Unterdrückte fanden sich in Ars ein: auch die Reichen, die vom Leben Enttäuschten, die Neugierigen, Nachdenklichen, die unruhig Gewordenen, jene, die ihren Weg suchen, jene, die Gott finden möchten, jene, die des Seelenfriedens, der Verzeihung, des Lichtes, des Glaubens und der Liebe bedürfen. Nach und nach entwickelte sich das Ganze. Gleich einem Bächlein, das in seinem Lauf immer größer und tiefer wird. So geschah es auch hier in Ars mit den herbeiströmenden Pilgerscharen.
Nach den Aussagen des Lehrers Johann Pertinand, der mit Pfarrer Vianney eng befreundet war, kamen im Jahr 1827 täglich über ein Dutzend Pilger nach Ars. Nach und nach stieg ihre Zahl auf sieben- bis achttausend im Jahr. Einem Au-

genzeugenbericht zufolge sollen es im Jahr 1852 insgesamt zwanzigtausend gewesen sein. In den letzten Lebensjahren, also 1858 und 1859, schätzte der in Ars besonders gut informierte Stellmacher Franz Pertinand die Zahl der Pilger auf einhundert- bis einhundertzwanzigtausend.
Katharina Lassagne konnte zu dem heiligen Priester sagen: „Herr Pfarrer, andere Missionare gehen den Sündern selbst bis in die fernsten Länder nach, aber Ihnen laufen die Sünder buchstäblich nach." Und Pfarrer Vianney gab zur Antwort: „Sie haben fast recht."

Die Hindernisse

Es wäre weit gefehlt, wollte man annehmen, das alles habe sich reibungslos vollzogen und sei ohne Widerstand, ohne Kritiksucht, ja sogar ohne den Versuch zu hintertreiben vor sich gegangen. Auch der Klerus – und gerade dieser – war es, der dem Ganzen die größten Hindernisse in den Weg legte.
Das ist keineswegs verwunderlich. Welcher Geistliche würde es gern sehen, wenn gerade an den hohen Feiertagen die eifrigsten seiner Pfarrkinder anderswohin gehen, um ihrer Frömmigkeit Genüge zu leisten? Und wohin ging man in diesem Falle? In ein völlig unbekanntes Dorf, zu einem unwissenden Pfarrer, mit dessen theologischen Kenntnissen es nicht weit her war, den man nur aus Gnade und Barmherzigkeit zu den Weihen zugelassen hatte; zu einem Mann, der wenig darstellte, schlecht gekleidet war, in seinem ganzen Wesen vernachlässigt daherkam und der den Menschen kaum etwas Besonderes zu bieten hatte. Allenfalls hätte man das ja auch zu Hause, und zwar tausendmal besser, haben können.

War dies Getue nicht geradezu ein Skandal, eine Gefahr und absurd zugleich? Man ging soweit, die Menschen von Ars fernzuhalten. Sogar von der Kanzel aus versuchte man, dem guten Pfarrer von Ars alles Mögliche unterzuschieben, und stellte selbst Dinge in Aussicht, die weder gehalten wurden noch gehalten werden konnten.

Kein Wunder, dass Pfarrer Vianney nach und nach von diesem Treiben hörte und eines Tages ausrief: „Armer Pfarrer von Ars, was man dir doch alles andichtet! … Schon ist es soweit gekommen, dass man über ihn statt über das Evangelium predigt …“

Immer wieder erhielt er Briefe – auch anonyme –, die sich in Vorwürfen gegen ihn ergingen, worin er geschmäht und herabgesetzt wurde. Auch drohte man mit einer Anzeige beim Bischof.

Tatsächlich dauerte es nicht lange, da lag die erste Anzeige gegen ihn beim Diözesanbischof vor. Und von einem Nachbarpfarrer erhielt er ein Schreiben, in dem zu lesen war: „Wenn man über so mangelhafte theologische Kenntnisse verfügt, wie es bei Ihnen, Herr Pfarrer, der Fall ist, dann sollte man wahrlich keinen Beichtstuhl betreten …“

Schlicht und einfach antwortete Pfarrer Vianney: „Vielgeliebter, sehr verehrter Herr Konfrater! Wie habe ich doch allen Anlass, gerade Sie besonders zu lieben! Sic sind der einzige, der mich richtig kennt und einschätzt.

Da Sie die Güte und Liebenswürdigkeit haben, sich für meine arme Seele zu interessieren, darf ich bitten, mir beten zu helfen, jene Gnade zu erlangen, um die ich schon so lange bitte: endlich durch einen anderen Priester hier abgelöst zu werden, da ich infolge meiner Unwissenheit nicht würdig bin, meinen Posten zu bekleiden. Ich möchte mich in ein stilles Eckchen zurückziehen, um mein armseliges Leben zu beweinen, Buße zu tun und für alles zu sühnen, wodurch ich gefehlt habe …“ In ähnlicher Weise antwortete er auch den anderen Anklägern.

Durch seine Demut, Sanftmut und Geduld, aber auch durch die Kraft der Beweise der ihm zuteil gewordenen übernatürlichen Gaben gelang es ihm nach und nach, seine Mitbrüder nicht nur zu entwaffnen, sondern sie zu seinen Gunsten umzustimmen.

Kein Wunder, dass im Laufe der Zeit selbst der große Prediger Lacordaire, Prälaten und Bischöfe den Pfarrer von Ars aufsuchten, um seinen Rat zu erbitten.

So stellte sich eines Tages auch Bischof Langalerie als einfacher Pilger mitten unter die anderen Beichtkinder und wartete ab, bis die Reihe an ihn kam, ohne sich irgendwie zu erkennen zu geben. Später gestand der Bischof, Pfarrer Vianney habe ihm nach seinem Sündenbekenntnis nur gesagt: „Hochwürdigster Herr, lieben Sie Ihre Priester sehr!“

Der gesuchte Beichtvater

Der Zustrom der unzähligen Pilger war für Pfarrer Vianney eine sehr schwere Belastung. Er führte einen völligen Wandel in seinem Leben herbei. Unablässig waren Pfarrhaustür und Beichtstuhl umlagert. Sein größter Triumph sollte zu seinem härtesten Kreuz werden. Er wurde zum Sklaven der Sünder. Er lebte nur noch für den Beichtstuhl, die Kanzel, das Gebet und das Fasten!

Sein alltägliches Leben war die Einförmigkeit selbst. Es möge genügen, einen dieser eintönigen Tage wiederzugeben, wie Katharina Lassagne ihn in ihren Aufzeichnungen geschildert hat: „Hier sei festgehalten, wie sich das Tagewerk des heiligen Pfarrers abspielte: bisweilen stand er schon um Mitternacht auf, es kam aber auch vor, dass es erst um zwei Uhr geschah, meistens aber um ein Uhr. Mit einer Laterne in der Hand begab er sich anschließend in die Kirche. Eine große Menge Volkes, das die Nacht im Glockenturm verbrachte hatte, erwartete ihn.

Opferbereite Menschen sahen sich genötigt, nachts dafür zu sorgen, dass die Ordnung in der Kirche aufrechterhalten wurde, denn dauernd wurde die Tür geöffnet, und jeder wollte zuerst in den Beichtstuhl kommen. Eine Sache, die nun einmal ein Unding war. Die Menschen versuchten sich vorzudrängen, ungeachtet dessen, dass viele darunter waren, die tagelang warten mussten, bis die Reihe an sie kam, und die unerbittlich darauf bestanden, von den andern nicht mehr zurückgedrängt zu werden. Mitten aus der Menge näherten sich Personen dem Beichtstuhl. Kaum war jemand so kühn, darüber zu murren, weil man sich sagte, dass der Pfarrer diesen zweifellos aus bestimmten Gründen ein Zeichen gegeben habe, sofort in den Beichtstuhl zu kommen, und für diesen besondere Absichten Gottes gegeben waren.

Pfarrer Vianney kam also zu früher Morgenstunde in die Kirche, schritt mitten durch die Reihen der Wartenden, nachdem sich die Seitenkapelle St. Johannes bereits gefüllt hatte, in der der Beichtstuhl stand. Alles drängte immer weiter nach vorn, und die ganze Kirche war mit Menschen gefüllt, die beichten wollten.

Sobald Pfarrer Vianney vor dem Allerheiligsten angekommen war, sank er in die Knie und verharrte einige Minuten im Gebet. Oft kam es vor, dass er mit den Anwesenden laut einige Vaterunser zusammen betete, bevor er sich in den

Beichtstuhl begab, um den Menschen, die das Sakrament der Buße empfangen wollten, die rechte Bußgesinnung zu erflehen. Er bat sie auch, das Confiteor zu beten, bevor sie in den Beichtstuhl traten.

Gewöhnlich blieb er bis sieben Uhr im Beichtstuhl. Dann ging er zur Sakristei, um sich für die heilige Messe vorzubereiten. Nach der heiligen Messe weihte er in der Sakristei die Andachtsgegenstände der Pilger, schrieb seinen Namen auf Bilder, besonders der Gottesmutter, die die Pilger ihm hinreichten und auf denen die Weihe an Maria, die Unbefleckt Empfangene, geschrieben war.

Dann ging er ins Pfarrhaus, um etwas Nahrung zu sich zu nehmen. Zurückgekehrt, nahm er den Männern in der Sakristei bis um 11 Uhr die Beichte ab. Auch hier waren es wieder opferbereite Menschen, die für die Aufrechterhaltung der Ordnung sorgten, denn es kamen sehr viele Männer, die beichten wollten. Ebenso verhielt es sich mit den Frauen.

Wenn die Stunde seines Breviergebetes gekommen war, bat er, man möge sich gedulden, bis er damit fertig sei, denn er müsse dies in Ruhe beten. Um 11 Uhr hielt er seinen Religionsunterricht, der 45 Minuten, manchmal auch bis zu einer Stunde und länger dauerte. Danach hörte er zuweilen wieder Leute Beichte, die es sehr eilig hatten und die zu dieser Zeit bestellt waren. Zu diesem Zweck begab er sich in einen anderen Beichtstuhl, weil sein üblicher Beichtstuhl von Menschen umlagert war, die auf ihn warteten.

Nur mit größter Mühe konnte er sich durch die Menge hindurchschaffen, weil die Zahl derer, die auf ihn warteten, inzwischen nicht kleiner geworden war. Ein Bruder und ein anderer Mann bemühten sich, dem Pfarrer den Weg freizumachen.

Ins Pfarrhaus zurückgekehrt, aß er sein schlichtes Mittagessen. Er verwandte darauf nicht viel Zeit, zuweilen kaum fünf Minuten. Er aß ja nur wenig. Dann ruhte er sich für ein paar Augenblicke aus. Inzwischen waren sämtliche Zugänge zum Pfarrhaus umlagert, denn jeder wollte ihn beim Verlassen des Hauses sprechen. Oft verließ er das Pfarrhaus durch die Gartentür, um die Kirche unbeobachtet zu erreichen. Kaum aber hatte man ihn irgendwo erblickt, strömte man auf ihn zu. Die einen hielten ihn am Arm fest, die andern griffen nach seiner Soutane. Es war das reinste Durcheinander. Wären nicht opferbereite Männer gewesen, die hier ordnend eingriffen – die Herren Oriol, de La Bastie, Claudius Virer oder Bruder Hieronymus –, ich glaube, man hätte ihn zu Boden gerissen, vielleicht wäre man sogar mit den Füßen auf ihm herumgetrampelt. Seine Behüter geleiteten ihn zu den Missionaren, die man in der letzten Zeit seines Lebens nach Ars geschickt hatte, damit sie ihm hilfreich zur Seite standen, und denen er wenigstens einen kurzen Besuch machen wollte. Auch dort erwarteten ihn noch manche, die ihn um Rat fragen oder mit ihm sprechen wollten. Nach diesem Besuch, über den die Missionare sich stets freuten, begab er sich wieder in die Kirche, wo das Drängen nach dem Beichtstuhl erneut begann. Die Missionare, die ihn in die Kirche begleiteten, hatten alle Mühe, das Volk zurückzuhalten. Kaum dass sein Kommen bekannt wurde, ging ein Raunen durch die wartende Menge. Jeder wollte mit ihm sprechen. Von wem er wusste, dass er seines besonderen Zuspruchs bedurfte, dem gewährte er diesen Wunsch.

Bei all dem aber vergaß er nicht, dass er immer noch Pfarrer von Ars war und seine Pfarrkinder ihm am nächsten standen.

In der Kirche angekommen, kniete er sich vor dem Altar des heiligen Johannes für kurze Zeit nieder und begab sich dann wieder in den Beichtstuhl. Gewöhnlich war es inzwischen 13.30 Uhr geworden. Bis 16 Uhr blieb er im Beichtstuhl. Dann ging er für einige Minuten ins Freie, um anschließend den Männern wieder in der Sakristei die Beichte abzunehmen … Kam es vor, dass ihn Frauen erreichten, die es sehr eilig hatten, bevor er in die Sakristei ging, hörte er diese zuvor noch Beichte in einem anderen Beichtstuhl. Schon seit Jahren hörte er im Winter bis 19 Uhr Beichte, im Sommer noch länger.

Kaum hatte er den Beichtstuhl verlassen, stieg er auf die Kanzel, begann den Rosenkranz vorzubeten und verrichtete anschließend mit den Anwesenden das Abendgebet. Dann begab er sich, begleitet von seinen Behütern, ins Pfarrhaus. Zwischen der Kirche und dem Pfarrhaus musste ihm der Weg durch die Menge gebahnt werden. Das Volk kniete, soweit es konnte, auf den Boden nieder, und er gab ihm seinen priesterlichen Segen. Ins Pfarrhaus eingetreten, schloss man hinter ihm die Tür. Bruder Hieronymus begleitete ihn in sein Zimmer, zündete das Feuer an, machte ihm alle notwendigen Handreichungen und ging dann fort.

Seine nächtlichen Ruhestunden waren sehr kurz. Es ist nicht bekannt geworden, wann er sich niederlegte. Auch nicht, wieviel Zeit er noch für Gebet, Bußübungen und Lektüre verwandte. Gott allein weiß das. Das einzige, was man weiß, ist, dass er in den Nächten seiner letzten Lebensjahre sehr leidend war. Eine Art Fieber rieb ihn auf und ließ ihn kaum mehr zur Ruhe kommen. Dennoch stand er zur gewohnten Stunde auf. Auch wenn er kaum gehen konnte. Oft kam er so schwankend daher, wenn er sich in den Beichtstuhl begab, dass man fürchtete, er werde fallen. Immer wieder sagte er, es sei leichter für ihn aufzustehen, als sich niederzulegen. Diese Tagesordnung hielt er bis zu seiner letzten schweren Krankheit ein."

Wie könnte man wohl das Tagewerk eines überladenen und von allen Seiten überaus bedrängten Menschen und Priesters noch eindrucksvoller schildern, als es vorstehend aus der Feder einer Augenzeugin geschehen ist? Mit Recht konnte später ein Pater Chevrier von ihm schreiben, er sei ein in des Wortes wahrster Bedeutung „aufgezehrter Mensch" gewesen.

Katharina Lassagne aber steht nicht allein mit ihrem Zeugnis da. Wir lesen in einer im Jahre 1852 gedruckten Schrift: „Der Pfarrer von Ars verbrachte die meiste Zeit in der Kirche. Für gewöhnlich verließ er diese in den Sommermonaten erst abends zwischen 22 und 23 Uhr – und kam bereits morgens um 4 Uhr wieder zurück. Er aß nur einmal am Tag und nährte sich in der Hauptsache von einfachem Gemüse.

Das von ihm bewohnte Pfarrhaus liegt neben der Kirche. Sein Zimmer befindet sich in der ersten Etage. Die Wände sind völlig leer. Außer einer alten Truhe, ein paar Heiligenbildern und einigen theologischen Büchern hat er nichts. Er schläft in einem alten Bett auf einem Strohsack. Er will auch im Winter kein Feuer haben" (das änderte sich aber in den letzten Jahren seines Lebens).

Dann gibt der Verfasser in seiner etwas übertriebenen Art folgende Charakterisierung des Heiligen: „Er ist durchaus kein finsterer und melancholischer Mensch, der sich etwa in Langweile oder gar Untätigkeit ergeht …

O nein! Ganz im Gegenteil! An ihm ist nichts von Traurigkeit wahrzunehmen. Wir haben ihn beobachtet und stellten fest, wie aufreibend seine Tätigkeit ist – eine Tätigkeit, die ihm kaum Zeit lässt, sich der unbedingt nötigen Ruhe hinzugeben

– eine Tätigkeit, die ihn völlig aufreibt. Sein Verstand und sein Herz sind nur auf das eine gerichtet: ‚Gott und die Liebe zum Nächsten.‘ Das Herz dieses Menschen konnte nie von dem beeindruckt werden, was die meisten immerfort anstreben: stolzes Wissen, irdische Reichtümer und menschliche Ehren. Er geht ganz in dem auf, was seine Beichtkinder bedrückt. Dieser Aufgabe entledigt er sich mit einer ihm gar eigenen Gabe … Gott, der alles Gute belohnt und in der Liebe zum Nächsten bestärkt – der lindert und tröstet: das ist es, was dieser edle Priester nicht nur anstrebt, sondern auch mit ganz besonderem Nachdruck lehrt.“

Man stelle sich einmal vor, was es heißt, rund dreißig Jahre täglich 15 bis 16 Stunden Beichte zu hören, nur kurz unterbrochen durch das Breviergebet, die sonstigen religiösen Verpflichtungen und den täglichen Religionsunterricht.
Während dieser langen Zeit hat er sich kaum einmal richtig Ruhe gegönnt. Noch nicht einmal im Jahre 1843 nach einer schweren Krankheit, von der man annahm, sie führe zum Tod, und von der er nach seiner Genesung bekannte, diese sei nur durch die Fürbitte der Gottesmutter und „meiner geliebten heiligen Philomena“ bewirkt worden. Auch kann man sein zweimaliges Flüchten aus Ars, das jeweils nur kurz währte, nicht als ein Ausruhen bezeichnen. Hunderttausende gingen durch die Beichtstühle des Pfarrers Vianney von Ars. Er wusste, wie man die Menschen anzupacken hatte. Ihm war bekannt, dass die Männer anders behandelt werden mussten als die Frauen. Nicht umsonst nahm er deshalb den Männern in der Sakristei die Beichte ab.

Der hervorragende Seelenkenner

In einer ganz besonders begnadeten Weise, wie man sie selten im Leben der Heiligen findet, durchschaute Pfarrer Vianney die Herzen der Menschen. Selbst die geheimsten Dinge, die man im Innersten der Seele sorgfältig hütete, deckte er auf. Die Gaben des Heiligen Geistes waren ihm in einem besonders großen Ausmaß zuteil geworden – ein Charisma ganz eigener Prägung durfte er sein eigen nennen.

Auf diesen heiligen Priester können mit Fug und Recht die Worte des heiligen Paulus an die Korinther angewandt werden: „Wer aber prophezeit, der spricht für Menschen Worte der Ermahnung, der Erbauung und des Trostes."

Das hat der Pfarrer von Ars dank einer besonderen Erleuchtung Gottes getan. Er sagte den Menschen nicht nur Dinge voraus – er las eben in ihren Herzen.

Ohne behaupten zu wollen, er habe im voraus schon gewusst, worüber die Beichtenden sich anzuklagen hatten, steht dennoch fest, dass er in vielen Fällen die Bekenntnisse der Beichtenden vorausschaute, ihre Darlegungen ergänzte und vervollständigte.

So erschien beispielsweise eines Tages ein Ungläubiger. Er war mit Freunden nach Ars gekommen, hatte aber keineswegs die Absicht zu beichten. Als der Pfarrer in die Kirche eintrat, fiel sein Blick auf diesen Menschen. Er gab ihm ein Zeichen, und dieser war davon so völlig überrascht, dass er automatisch seiner Aufforderung, ihm zu folgen, nachkam.

„Es ist schon lange her, seit Sie das letzte Mal gebeichtet haben", erklärte Pfarrer Vianney ihm und drückte ihm gleichzeitig die Hand. „Ja, guter Herr Pfarrer", gab der Angespro-

chene zur Antwort. „Sie haben recht: es mag schon dreißig Jahre her sein, seit ich das letzte Mal gebeichtet habe."
„Dreißig Jahre, mein Freund? ... Denken Sie mal gut nach. Es sind nämlich genau 33 Jahre, seit Sie das letzte Mal in X. gebeichtet haben."
„Sie haben recht, Herr Pfarrer!"
„Dann wird es aber jetzt Zeit, wieder einmal zu beichten, nicht wahr?"
Der alte Mann war völlig geschlagen und überwältigt. In ihm vollzog sich in diesem Augenblick eine Wandlung, und er schickte sich an zu beichten. Zwanzig Minuten blieb er im Beichtstuhl.
Später erklärte er: „In meiner Seele vollzog sich etwas so Großes, dass ich es nicht in Worte zu kleiden vermag."
Ein anderes Beispiel: Eine heiligmäßige Person, die im Jahre 1947 in Chatillon-sur-Chalaronne starb, ein gewisses Fräulein Chognon, berichtet uns, was ihre eigene Großmutter in Ars erlebt hatte.
Diese Frau kam aus der Auvergne nach Ars, um bei Pfarrer Vianney zu beichten. Da sie aber unter einer bestimmten Krankheit litt, ließ sie sich von einem so genannten „Wunderdoktor" behandeln. Dieser hatte ihr ein Medikament verschrieben, das sie mit auf den Weg nach Ars nahm. Als sie vor dem Ort angekommen war, kamen ihr Bedenken, und sie glaubte richtig zu handeln, das Fläschchen in einem Gebüsch zu verstecken. Dann ging sie zur Kirche von Ars und bereitete sich mit aller Sorgfalt auf die Beichte vor. Als sie gebeichtet hatte, war sie nicht wenig überrascht, aus dem Munde des Pfarrers zu hören: „Ja, liebes Kind, aber von dem Fläschchen, das Sie in dem Gebüsch versteckt haben, sagten Sie nichts."
Völlig niedergeschmettert von dieser Eröffnung bekannte die

Frau auch dieses „Verbrechen“ noch und empfing mit großer Zerknirschung die Absolution.

Welch hervorragender Seelenkenner Johannes Maria Vianney war, wurde schon zu Beginn dieser Schrift auf den Seiten 7 und 8 („Zur Einführung“) aufgezeigt. Ganze Bände könnte man darüber schreiben – und wurden auch in den verflossenen Jahrzehnten veröffentlicht, die uns von all diesen wunderbaren Geschehnissen Kunde geben.

Der Pfarrer aber schaute darüber hinaus Zukünftiges und sagte Dinge voraus, die später wortwörtlich eintrafen. So kam es immer wieder vor, dass er dem einen und anderen Mädchen den Rat gab zu heiraten. Anderen wieder, sie sollten in ein Kloster eintreten, wenn sie den wahren Herzensfrieden finden wollten. Ja, er ging in diesen Fällen soweit, jeweils die Ordensgesellschaft zu bezeichnen, in die sie eintreten sollten.

Eines Tages kam ein „Beichtender“ und legte ein ganz schematisches Sündenbekenntnis bei Pfarrer Vianney ab. Von einer Reue über sein sündiges Leben war keine Spur vorhanden. Plötzlich brach der Pfarrer in Tränen aus, und bestürzt fragte ihn der „Beichtende“: „Warum weinen Sie denn, Herr Pfarrer?“

„Mein Freund, ich beweine Ihr sündiges Leben, weil Sie es bislang unterlassen haben, es zu tun.“ Das Aufschluchzen des Pfarrers war so erschütternd, dass auch dieser hartgesottene Sünder nicht anders konnte, als in sich zu gehen und sich zu bekehren. Das Wissen des Pfarrers von Ars um verborgene Dinge überschritt bei weitem jedwedes natürliche Wissen. Nachstehender Fall, den die Zeitschrift „Annales d'Ars“ in einer Ausgabe des Jahrgangs 1912/13 berichtet, ist ein ganz besonderer Hinweis dafür: Ein junges Mädchen aus der Umgebung von Montpellier, das sich lange Zeit mit dem Ge-

danken getragen hatte, in ein Kloster einzutreten, machte unerwartet eine große Erbschaft. Nun sah es sich vor die Entscheidungsfrage gestellt: entweder dem Ruf Gottes zu folgen oder in der Welt ein gemächliches Leben zu führen.
Ihr Beichtvater, ein gewisser Jesuitenpater Pacalin, überließ die Entscheidung dem Mädchen selbst. Da es sich nicht klar werden konnte, machte es sich auf den Weg nach Ars. Dort stellte sich das Mädchen unter die Wartenden vor dem Beichtstuhl des Pfarrers Vianney und flehte aus ganzer Seele den Heiligen Geist um Erleuchtung an.
Am folgenden Morgen um 2 Uhr kam der Pfarrer in die Kirche, um nach einem kurzen Gebet vor dem Allerheiligsten den Beichtstuhl zu betreten. Diesmal ging er allerdings nicht direkt zum Beichtstuhl, sondern eilte auf das in der St. Philomena-Seitenkapelle stehende Mädchen zu und sagte: „Sie haben es eilig, Fräulein. Bitte, kommen Sie als erste gleich mit mir."
Das Mädchen folgte der Weisung des Pfarrers. Kaum hatte es zu sprechen begonnen, unterbrach es der Pfarrer: „Was Sie mir gesagt haben, genügt. Ich kenne Ihren Fall."
Dann erklärte er dem Mädchen, was es mit dem ererbten Geld anfangen solle, und schloss mit den Worten: „Aber beeilen Sie sich! Sie haben keine Zeit mehr zu verlieren!"
Das Mädchen begab sich nach seiner Rückkehr sofort zu P. Pacalin und fragte diesen, wie es ihm möglich gewesen wäre, auf so schnelle Weise den Pfarrer von Ars über seinen Fall in Kenntnis zu setzen.
Der Pater war sehr überrascht. Er erklärte, kein Wort an Pfarrer Vianney geschrieben zu haben. Übrigens: er hätte sich wohl gehütet, sich in eine derartige Sache einzumischen; auch sei ihm kein freier Augenblick geblieben, um dem Pfarrer von Ars zu schreiben. Das Mädchen handelte anschlie-

ßend nach den ihm in Ars zuteil gewordenen Weisungen. Nachdem es in Montpellier alles erledigt hatte, machte es sich auf den Weg nach Avignon, um in ein Kloster einzutreten. Dort angekommen, wurde es von der Cholera befallen, als es am Morgen nach der heiligen Messe die Kirche verließ, und starb noch am selben Tag.

Wie hat sich doch in diesem Fall die Weisung buchstäblich bewahrheitet: „Beeilen Sie sich, denn Sie haben keine Zeit mehr zu verlieren."

Im Jahre 1857 oder 1858 ereignete sich folgendes: Eine Mutter aus dem Departement Ardèche sah sich vor eine sehr wichtige Entscheidung gestellt. Sie trug alles ihrem Priestersohn vor und bat ihn, einen klugen, präzisen Entscheid zu fällen. Da die Mutter aber annahm, ihr Sohn könne sich geirrt haben, machte sie sich auf den Weg zum Pfarrer von Ars, dessen Ruf sich inzwischen über ganz Frankreich verbreitet hatte. Nun stand diese Frau in der Kirche von Ars mitten unter all den anderen Pilgern, als Pfarrer Vianney in die Kirche kam. Er ging auf diese Priestermutter zu, redete sie in einem solch vertrauten Ton an, als handele es sich um eine alte Bekannte, und sagte: „Was machen Sie denn hier? Es ist wirklich nicht der Mühe wert gewesen, den weiten Weg zurückzulegen. Warum haben Sie sich nicht nach den Weisungen Ihres Sohnes gerichtet? Er hat Ihnen eine gute Antwort gegeben. Gehen Sie also nach Hause und tun Sie das, was er Ihnen gesagt hat."

Völlig überrascht und gedemütigt zugleich stand die Frau da und sah sich durchschaut.

Zwanzig Jahre nach dem Tod Pfarrer Vianneys gab der eigene Priestersohn diese Sache im Seligsprechungsprozeß zu Protokoll. Ohne auch nur im geringsten an sich selbst zu denken,

tat der Pfarrer von Ars eines Tages den Ausspruch: „Diejenigen, die vom Heiligen Geist geführt werden, haben stets die richtigen Gedanken. Daher kommt es auch, dass es so viele Unwissende gibt, die viel mehr als die Gelehrten wissen."
Als eines Tages bei einer Zusammenkunft von Geistlichen auch die Rede auf Pfarrer Vianney kam, meinte einer von ihnen: „Der Pfarrer von Ars ist zwar ein heiliger Mann – aber das ist auch alles, was er aufzuweisen hat ..."
Ein anwesender Philosophieprofessor widersprach ihm mit den Worten: „Dass er ein sehr erleuchteter Priester ist, geht aus allem hervor, was er tut ...
Man möge diesen Mann doch im rechten Licht schauen – in seiner ganzen Schönheit – im Licht des Heiligen Geistes! Auf welche Höhenwege zieht gerade er uns empor!
Katharina Lassagne schreibt: „In seinen eigenen Augen kam der Herr Pfarrer sich so klein, als ein wirkliches Nichts vor, so dass der Heilige Geist sich würdigte, diese Leere durch eine Überfülle von Erleuchtungen auszufüllen. Gerade dieses Wirken des Heiligen Geistes ist es, was wir mit der Prophetengabe des Pfarrers Vianney zum Ausdruck bringen wollten.
Es sei hier darauf hingewiesen, dass das Charisma ein Gnadengeschenk Gottes ist, das nicht die Heiligkeit als solche ausmacht, das ein äußeres Zeichen sein kann, das weniger für den gegeben ist, der diese Begnadung genießt, als vielmehr denen zukommt, die es gilt, zu erleuchten und zu heiligen. So haben auch die „Stimmen", die eine Johanna von Orleans hörte, nichts mit ihrer persönlichen Heiligkeit zu tun gehabt.
Wenn wir im weiteren Verlauf unserer Darlegungen auf das Geistesleben und die Heiligkeit des Pfarrers zu sprechen kommen, dann hat das keinerlei Bezug auf die ihm gewährte Prophetenangabe, von der wir bereits berichteten.

Die „Wunder" von Ars

Das Gleiche trifft für die Wunder zu, die ihm zu seinen Lebzeiten zugeschrieben werden. Wenn wir hier davon sprechen, so geschieht es, um den geschichtlichen Tatsachen als solchen gerecht zu werden. Auch die Wunder, von denen wir nachstehend berichten, sind eine Gnadengabe Gottes, ein Charisma und Zeichen der Heiligkeit, aber nicht die Heiligkeit als solche.

Sie wurden kanonisch keiner eingehenden Prüfung unterzogen. Ganz anders aber verhält es sich mit den Wundern, die auf seine Fürbitte nach seinem Tod erfolgt sind. Damit ein Diener Gottes heiliggesprochen werden kann, verlangt die Kirche das Vorliegen mehrerer Wunder, die auf seine Fürbitte hin geschehen sind. Die Prüfung dieser Wunder, die also nach seinem Tod erfolgt sein müssen, wird äußerst streng gehandhabt. Die Kirche gibt über ihre Echtheit ihr kanonisches Urteil ab.

Die durch den Pfarrer von Ars zu seinen Lebzeiten bewirkten Wunder beanspruchen unsere Glaubwürdigkeit also nur hinsichtlich ihres geschichtlichen und rationellen Standpunktes, wie sie durch die Tatsachenberichte ernster, kompetenter und unwiderlegbarer Zeugen bekundet werden.

Auch hier müssen wir uns wieder auf das berufen, was Katharina Lassagne schreibt, die zwar nicht die einzige Zeugin war, wohl aber alles schriftlich festgehalten hat, was sich ereignete. Sie berichtet:

„Als wir eines Tages im ‚Haus der Vorsehung' waren, hatten wir nicht mehr genug Mehl, um den Backofen für das Brotbacken voll auszunutzen. Ob die Mühle am Ausbleiben der

Mehllieferung schuld war, weiß ich nicht. Jedenfalls war sie nicht in der Lage, das von uns ihr gelieferte Getreide zu mahlen. Was wir an Mehl noch im Hause hatten, reichte gerade aus, um drei Brote davon zu backen; ob es auch vier Brote gegeben hätte, wage ich nicht zu behaupten.
Eine von uns sagte zu Johanna Maria Chanay, die immer den Teig knetete: ‚Wir werden ohne Brot dastehen, weil kein Mehl vorhanden ist.'
‚Wenn man das bisschen Mehl verbäckt, das noch zur Verfügung steht, dann wird es wahrlich wenig Brot werden, aber immerhin etwas', erwiderte diese. ‚Daran habe ich auch schon gedacht', sagte die andere, ‚aber ich will den Herrn Pfarrer um Rat fragen.' Der Pfarrer von Ars gab die Weisung, das vorhandene Mehl zu verbrauchen.
Wie immer dem auch sei: man traf die gleichen Vorbereitungen wie gewöhnlich, wenn der Backtrog voll Teig war und ein ganzer Sack Mehl hineingeschüttet wurde. Zum großen Erstaunen aller Anwesenden wurde also der Backofen wie üblich geheizt. Normalerweise ergab das zehn große Brote im Gewicht von je zwanzig bis zweiundzwanzig Pfund.
Das Resultat nach der Weisung Johannes Maria Vianneys war so, als hätte es keinen Mehlmangel gegeben. Hat der Pfarrer von Ars nun seinerseits den lieben Gott gebeten, das Brot zu vermehren, oder hat er ihn nur darum angefleht, seinen Kinder das nötige Brot zu geben? Ich weiß es nicht. Was aber nicht bezweifelt werden kann, ist die Überzeugung, dass dies Wunder durch die Fürbitte des heiligen Pfarrers erfolgt ist."
Wiederum schreibt Katharina Lassagne: „Zuweilen machte er sich eine besondere Freude daraus, seine Kinder bei den Mahlzeiten zu bedienen. Das kam aber nur selten vor. Eines Tages hatte ich eine Platte mit Kürbissen in der Hand, be-

fürchtete aber, es reiche nicht für alle aus; ich war darüber beunruhigt. Als ich die Kinder damit bedienen wollte, kam der Herr Pfarrer, nahm mir die Platte aus der Hand und fing an, die Kürbisse auszuteilen. Er gab jedem ein großes Stück davon. Das nahm ich wahr, ging auf ihn zu und sagte leise: ‚Aber Herr Pfarrer, wenn Sie weiterhin so große Stücke verteilen, dann kommen Sie damit nicht bis ans Ende des Tisches.‘ Er gab mir keine Antwort und verteilte weiter. Ich entsinne mich zwar nicht, dass etwas übrig geblieben ist, aber alle Kinder bekamen ein großes Stück.“ „Ein anderes Mal“, so schreibt Katharina Lassagne, „lief ein ganzes Fass Wein aus. Nachdem der Herr Pfarrer sich davon überzeugt hatte, sagte er: ‚Gehen Sie einmal in den Keller nachschauen; ich glaube, Ihr Wein läuft aus.‘

Wir taten nach seiner Weisung und tatsächlich: der Wein war ausgelaufen und das Fass leer. So gut wir konnten, bemühten wir uns, von dem ausgelaufenen Wein das vom Boden aufzuschöpfen, was wir noch für verwertbar hielten. Zwei kleine Eimer voll waren das ganze Ergebnis. Diese schütteten wir in ein anderes, fast leeres Fässchen, soviel ich mich erinnere. Davon zapfte man einige Tage den Wein ab, so dass fast nichts mehr übrig sein konnte.

Neben diesem Fass stand noch ein kleines Fässchen, das hundert Liter Wein hielt, von dem aber schon fünfzig Liter verbraucht waren. Es waren also nur noch fünfzig Liter in dem Fässchen. Diese füllte man ebenfalls in das große Fass. Wie erstaunt waren Johanna Maria Chanay und Maria Filliat, die diese Arbeit besorgten, als sie feststellen mussten, dass mit den restlichen fünfzig Litern aus dem kleinen Fässchen nun das große Fass ganz gefüllt war. Während des Abfüllens kam Maria Filliat auf den Gedanken, den Finger in die Fassöffnung

zu stecken. Als Johanna Maria Chanay das sah, rief sie spöttisch aus: ‚Schau nach, ob das Fass voll ist!'
‚Ja', rief Maria zurück, ‚schau, es ist wirklich voll: ich berührte den Wein mit meinem Finger.'
Beide waren nun von dem Wunder überzeugt.
Mir war aufgefallen, dass der Herr Pfarrer an jenem Tag, da er kam und darauf aufmerksam machte, der Wein sei ausgelaufen, keineswegs irgendwie darüber bekümmert schien. ‚Es ist eben ein Unglück gewesen, das der liebe Gott wieder gutmachen kann', war seine Antwort.
Es war wohl im Jahre 1829. Pfarrer Vianney hatte immer Vorrat an Getreide auf seinem Pfarrhausspeicher. Eines Tages musste er feststellen, dass alles bis auf ein paar Hände voll aufgebraucht war. Seine Überraschung war umso größer, als die neue Ernte nicht gut ausgefallen war. Er konnte es daher kaum wagen, von seinen Pfarrkindern Getreide zu erbitten. Wohl war die edelmütige Schlossbesitzerin noch als letzte Nothilfe da. Aber wie oft hatte er diese schon um Hilfe angegangen. Schweren Herzens musste sich der Pfarrer damit abfinden, eine Anzahl Waisenkinder zu entlassen, da er sie nicht zu ernähren vermochte. Bei seiner großen Herzensgüte war das ein schweres Opfer für ihn. Voll Vertrauen wandte er sich im Gebet an den lieben Gott und flehte ihn durch die Fürbitte des heiligen Franz Regis an, der ihm ja in seiner Studienzeit so auffallend zu Hilfe gekommen war. Hier musste seiner Meinung nach schon ein Wunder geschehen, sollte wirklich Abhilfe geschaffen werden. Vor allen Dingen ein wirkliches ‚evangelisches' Wunder, das der Heiland denen in Aussicht stellt, die glauben.
Er kehrte auf dem Speicher alles sorgsam zusammen, was noch an Körnern hier und dort verstreut lag. Dann legte er

in dieses Häuflein eine kleine Reliquie des heiligen Franz Regis. Danach bat er die Kinder, innig um ‚das tägliche Brot' zu beten. Ganz ergeben in Gottes Willen wartete er die weiteren Dinge ab. Als Johanna Maria Chanay, die Bäckerin im ‚Haus der Vorsehung', dem Pfarrer berichtete, sie habe kein Mehl mehr, um Brot zu backen, gab er ihr zur Antwort: ‚Gehen Sie auf den Speicher und schauen Sie nach, was Sie mit dem noch vorhandenen Getreide anfangen können.'
Sie tat, wie ihr aufgetragen war, überzeugt davon, dass nicht mehr viel dasein könnte. Wie groß aber war ihre Überraschung, als sie die Tür zum Speicher öffnen wollte und diese kaum aufzustoßen imstande war, weil ihr das Getreide bereits entgegenströmte. Schnell lief sie wieder zum Herrn Pfarrer hinunter: ‚Sie haben wohl meinen Gehorsam auf die Probe stellen wollen? Der Speicher ist ja ganz gefüllt mit Getreide …' ‚Wie? Der ist voll Getreide?'
Ja, gefüllt bis oben hin. Überzeugen Sie sich selbst!'

Beide gingen zusammen auf den Speicher. Überall sahen sie alles voll von Weizen, der eine ganz andere Farbe hatte als der vorhergehende. Niemals zuvor war soviel Weizen auf dem Pfarrhausspeicher gewesen. Man wunderte sich nur darüber, dass die Decke die Last zu tragen vermochte.
Abbé Toccanier sagte im Seligsprechungsprozess von Pfarrer Vianney aus, dieser habe ihm am Ende seines Lebens darüber berichtet: „Ich hatte für viele Waisenkinder zu sorgen, und auf dem Speicher befand sich nur noch eine Handvoll Getreide. Da kam mir der Gedanke, dass der heilige Franz Regis die Armen während seines Lebens wunderbar genährt habe und er das wohl auch nach seinem Tod zu tun vermöge. Ich hatte eine Reliquie dieses Heiligen. Diese steckte ich in das bisschen Weizen, das noch übriggeblieben war. Die Kinder be-

teten, und wir fanden den Speicher mit Getreide gefüllt."
Der Pfarrer selbst war so also nach seiner Aussage an der ganzen Sache völlig unbeteiligt. Nur der heilige Franz Regis hatte alles getan, und die Kinder hatten gebetet. Deshalb sprach er wohl auch gern über dieses Wunder.
Als der Bischof von Belley davon hörte, wollte er sich auf dem Pfarrhausspeicher von Ars selbst von dem dort vorhandenen Weizen überzeugen. Um den Pfarrer zum Sprechen zu bringen, sagte der Bischof zu ihm, indem er mit dem Finger auf eine bestimmte Stelle an der Wand hinwies: „Das Getreide lag wohl so hoch hier?"
„Nein, Hochwürdigster Herr", gab der Pfarrer zur Antwort, ohne im geringsten zu ahnen, dass der Bischof ihm eine Falle stellen wollte, „es lag noch viel höher: bis hierher ging es."
Der Lehrer Johannes Pertinand galt im Seligsprechungsprozess des Pfarrers Vianney als einer der zuverlässigsten Zeugen. Er erklärte unter anderem: „Der Diener Gottes wusste selbst, dass sich in seiner Pfarrei außergewöhnliche Dinge abspielten. Er gestand zuweilen, dass dort viel Gutes geschehe, aber er schrieb alles der Güte Gottes und der Fürbitte der Heiligen, ganz besonders der heiligen Philomena, zu."
Die unbekannte Märtyrin diente ihm also dazu, seine eigene Wundergabe zu verbergen, genau so, wie er bei der wunderbaren Vermehrung des Getreides alles der Fürbitte des heiligen Franz Regis zuschrieb. Er tat alles, um in Frankreich die Verehrung der heiligen Philomena zu fördern. Dank seiner Bemühungen wurde diese Heilige in Frankreich populär. Vielen Mädchen wurde von dieser Zeit an bei der Taufe der Name Philomena gegeben. Die Ars-Pilger ließen sich nicht davon abbringen, dass die an die heilige Philomena gerichteten Bitten nur dann Erhörung fanden, wenn die Anliegen durch die

Hände des Pfarrers Vianney gegangen waren. Das sagte man ihm zuweilen offen ins Gesicht, aber er widersprach heftig: „Ich wirke keine Wunder! Ich bin nichts anderes als ein erbärmlicher, unwissender Mensch, der die Schafe gehütet hat … Wenden Sie sich an die heilige Philomena. Niemals habe ich sie angefleht, ohne erhört worden zu sein.“ Er wies aber auch jedes Mal darauf hin, dass seine einzige Sorge den Seelen gelte, und zuweilen erklärte er: „Ich habe gute Lust, der heiligen Philomena zu verbieten, Wunder für den Leib zu wirken. Sie muss vor allen Dingen die Seelen heilen. Dieser arme Leichnam, der doch verwest, ist nichts Großes …“

Dennoch flehte er die heilige Philomena an, Menschen zu heilen, die mit ihren körperlichen Gebrechen von außerhalb zu ihm kamen … Es wurden zahlreiche Fälle bekannt, wo durch ein einziges Wort des Heiligen die wunderbare Heilung bewirkt worden ist. So kam eines Tages eine Frau auf Krücken daher.

Der Pfarrer von Ars begegnete ihr auf der Straße, hatte Mitleid mit ihr und sagte: „Nun gehen Sie doch!“

„Tun Sie doch, was man Ihnen sagt“, ergänzte Abbe Toccanier den Pfarrer Vianney, nachdem die Sieche sich nicht rührte. Daraufhin legte sie ihre Krücken beiseite und ging, wie jeder gesunde Mensch. Als das Volk das gewahrte, lief es zusammen, und Pfarrer Vianney sagte zu der Geheilten: „Holen Sie Ihre Krücken mit nach Hause!“

In den Heiligsprechungsakten sind etwa dreißig derartige Fälle festgehalten. Und als der Prozess bereits abgeschlossen war, liefen noch weitere ähnliche Berichte ein.

Aber Pfarrer Vianney legte den körperlichen Heilungen nicht die geringste Bedeutung bei, ihm kam es vor allen Dingen auf die innere Umwandlung der Menschen an.

Sein geistliches Leben

Der Pfarrer von Ars erinnert in mancher Hinsicht an die Wüstenväter. Wir wissen von ihm, dass er immer wieder das Leben der Heiligen und ganz besonders das der Wüstenväter las. Betrachtet man sein übermenschliches Fasten, dann darf man wohl annehmen, dass er diesen in seinem priesterlichen Leben folgte, soweit das seine Amtspflichten zuließen. Darüber hinaus fällt sein Ausspruch auf: „Die Unwissenheit und die Unmäßigkeit sind zwei schwere Fehler."

Im Blick auf sein überaus maßvolles Leben festigt sich in uns die Überzeugung, dass er den Wüstenvätern nachfolgen wollte. Gleich ihnen beschränkte er sich auf ein Minimum an Nahrung, gerade so viel, um arbeitsfähig zu bleiben.

Das Gleiche gilt von seinem Schlaf. Auch hier richtete er sich nach dem Vorbild der Wüstenväter, um noch mehr Zeit für das Gebet zu finden. Ein heiliger Antonius, der Einsiedler, ein heiliger Makarius und ein heiliger Pachomius dienten ihm zweifellos als Vorbilder des nächtlichen „Wachens und Betens".

Pfarrer Vianney pflegte von sich zu sagen: „Ich habe einen guten Leichnam: mit etwas Nahrung und ein oder zwei Stunden Schlaf gibt der sich zufrieden, und ich kann dann wieder arbeiten."

Sein ganzes Fasten und Büßen war mithin nach dem Vorbild der Wüstenväter ausgerichtet. Fasten und Wachen allein aber tun es nicht; Pfarrer Vianney war sich genau bewusst, seinen Körper nur deshalb in Zügeln zu legen, um den Geist freizumachen. Er ging auf das Wesentliche aus: er suchte den einen Gott in drei Personen, die Quelle alles Guten und aller Vollkommenheit.

Mit einem Wort: „Die Richtschnur seines ganzen geistlichen Lebens war die Allerheiligste Dreifaltigkeit."
In seinem Brevier trug er ständig ein Bild der Allerheiligsten Dreifaltigkeit. Katharina Lassagne sagt von ihm: „Die vorzüglichste Tugend des Herrn Pfarrers war sein Glaube an die Allerheiligste Dreifaltigkeit."
Sie berichtete auch von dem Ausruf Pfarrer Vianneys: „Oh, wie glücklich ist man doch, wenn man betet! Ein kleines Geschöpf wie ich darf mit Gott sprechen, dem Großen und Mächtigen! Wenn wir beten und in die Kirche kommen, um zu beten, dann erfreuen wir die drei Personen der Allerheiligsten Dreifaltigkeit. Wenn man doch dieses Glück erwägen wollte! Welch herrliches Werk ist es, dass einem Christen das Glück zuteil wird, sich mit Gott zu unterhalten!"
Kein Wunder, dass das Kreuzzeichen im Leben des heiligen Priesters eine große Rolle spielte, wird doch unser Glaube an die Allerheiligste Dreifaltigkeit jedes Mal erneuert, sooft der Christ das Kreuzzeichen macht.
Darüber berichtet Katharina Lassagne: „Wenn er auch noch so durch die heranströmenden Volksmassen bedrängt wurde, immer wieder konnte ich beobachten, wie er sich vor und nach seinen Mahlzeiten sammelte und in tiefer Ehrfurcht das heilige Kreuzzeichen machte …"
Welch herrliches Beispiel für uns! Wie oft ist uns das Kreuzzeichen zu einer Gewohnheit geworden, und wir vergessen, durch dieses unseren Glauben und unsere Liebe zur Allerheiligsten Dreifaltigkeit zum Ausdruck zu bringen.
Noch einmal müssen wir auf das Beispiel der Wüstenväter im Leben Pfarrer Vianneys zurückkommen. In einem Werk, das um das Jahr 500 in griechischer Sprache über die Wüstenväter geschrieben wurde, lesen wir: „Ein Bruder kam zu

Makarius von Ägypten und sagte: ‚Vater, sage mir ein einziges Wort, damit ich weiß, wie ich gerettet werden kann.' Und der Greis erwiderte: ‚Gehe auf den Friedhof und beschimpfe die Toten in einer Weise, wie immer du es kannst.' Der Bruder tat, wie ihm aufgetragen worden war. Dann kehrte er zu dem greisen Wüstenvater zurück, um ihm mitzuteilen, dass er seinen Auftrag ausgeführt habe. Dieser erwiderte: ‚Und was haben die Toten dir erwidert?' – ‚Nichts!' gab der Bruder zur Antwort. – ‚Dann gehe morgen wiederum zum Friedhof und mache den Toten alle nur möglichen Komplimente.' Der Bruder tat, wie ihm befohlen worden war, und hatte alle möglichen schönen Namen für sie, wie: Apostel, Heilige und Gerechte! Dann kam er zu dem Wüstenvater zurück und erklärte: ‚Ich habe sie gelobt.' – ‚Und was haben sie dir darauf erwidert?' – ‚Nichts!' erklärte der Bruder. Darauf der Wüstenvater: Jetzt hast du erfahren, dass sie weder auf deine Schmähungen noch auf deine Lobreden irgendetwas erwiderten. Nun gut: wenn du ewig selig werden willst, dann sei einem Toten gleich: kümmere dich in deinem Leben weder um die Schmähungen noch um die Lobhudeleien, die dir Menschen zuteil werden lassen, dann wirst du gerettet werden'" (Apophthegmata patrum 476, S. 169).

In jenen Tagen, da Pfarrer Vianney von allen Seiten geschmäht und angeklagt wurde, rieten ihm priesterliche Freunde, sich zu verteidigen. Aber er handelte nach dem Vorbild des Wüstenvaters Makarius und schwieg.

Ein anderes Mal erklärte der Pfarrer, als man von den Zerstreuungen beim Gebet sprach: „Die Fliegen halten sich nicht im kochenden Wasser auf. Sie fallen nur in kaltes oder lauwarmes Wasser."

Auch diesen Vergleich hatte Pfarrer Vianney dem bereits erwähnten Buch der Wüstenväter entnommen, denn darin lesen wir: „Ein Bruder bat den Wüstenvater Poemius, ihm eine Weisung zu erteilen. Dieser erwiderte: ‚Solange dein Topf auf dem Feuer steht, werden weder Fliegen noch sonstiges Getier sich ihm nähern. Ist er aber kalt geworden, dann werden sie sich darauf stürzen. Ebenso geht es mit dem Mönch: solange er in Gebet und Betrachtung aufgeht, wird der böse Feind keine Möglichkeit finden, über ihn zu triumphieren'" (Apophthegmata patrum 685, S. 233).
Daraus geht eindeutig hervor, wie sehr Pfarrer Vianney gerade bei den Wüstenvätern in die Schule gegangen ist und sich in seinem Leben ganz nach ihren Weisungen richtete. Das Wichtigste bleibt nun einmal, dass „der Topf", wie der Wüstenvater Poemius sagt, „ständig unter Feuer gehalten wird", das heißt durch ein strenges und bußfertiges Gebets- und Opferleben die Flamme der göttlichen Liebe im Herzen wach gehalten wird. Das allein ist wichtig. Nur das ist der richtige Weg zum Himmel.
Auch der heilige Benedikt, Patriarch des monastischen Lebens, ging bei den Wüstenvätern in die Schule, nur verwirklichte er alles mit größter Mäßigung in seinem eigenen Leben und dem Leben seiner Mönche. Praktisch hat er das Leben der Wüstenväter in der rechten Weise dem abendländischen Temperament angepasst.

Liebe zur Einsamkeit

Ungeachtet seiner großen Erfolge im Beichtstuhl war er dennoch bestrebt, sich die erste beste Gelegenheit zunutze zu machen, aus Ars zu flüchten, um dem Zudrang der Menschen und dem Neid und der Missgunst selbst seiner Konfratres zu entgehen. Oft sprach er mit seinem Bischof von diesem sehnlichen Verlangen und bat, seiner Bitte zu willfahren. Auch seine Widersacher forderte er wiederholt auf, sich bei der bischöflichen Behörde dahin zu verwenden, auf seine Versetzung zu drängen, um ihn so von einer drückenden Last zu befreien.

Doch wollte er nicht die Bürde und Last, die auf seinen Schultern lagen, abschütteln, sondern sich in die Einsamkeit und Stille zurückziehen, um sich dort der Betrachtung hinzugeben und ganz in Gott aufzugehen – eben ein in Gott versunkenes Leben zu führen. Welche Herzensfreude wäre das für ihn gewesen!

Erstmals versuchte Pfarrer Vianney im Jahre 1843, aus Ars zu flüchten. Kaum von einer schweren Krankheit genesen, die der Arzt für tödlich hielt, machte er sich auf den Weg zu seinem Bischof und bat diesen, ihm einen Nachbarpfarrer zur Aushilfe zu geben. Der Wunsch wurde erfüllt: Der Bischof betraute den Pfarrer von Savigneux mit dieser Aufgabe. Der Geistliche hatte die größte Hochachtung vor Pfarrer Vianney und verehrte ihn als einen Heiligen. Im stillen aber hoffte er, ihn eines Tages ganz in der Pfarrei Ars ersetzen zu können. Auch dieser Schmerz sollte Pfarrer Vianney nicht erspart bleiben, denn sein Konfrater ließ ihn seine heimlichen Wünsche fühlen. Katharina Lassagne schreibt in ihren Aufzeichnungen: „Pfarrer Raymond (von Savigneux) handelte zweifellos in guter Absicht und glaubte, das Beste anzustreben, indem er Pfarrer Vianney verpflichtete, die Art und Weise seiner Werke einer Änderung zu unterziehen. Dem Diener Gottes erwuchsen daraus nur noch mehr Verdienste für den Himmel, denn das Gute ließ sich sowohl in der einen als auch in der anderen Weise vollbringen …

Und dennoch liebte er den ihm zur Seite gestellten Konfrater. Seine größte Freude war es, mit ihm über seinen Kummer zu sprechen. Er tat alles, um ihn schalten und walten zu lassen, und unterstützte ihn jederzeit.

Im Innersten seines Herzens aber trug Pfarrer Vianney sich allen Ernstes mit dem Gedanken, ganz auf seine Pfarrei zu verzichten und diese einem anderen zu überlassen. Immer wiederholte er von neuem, ein Pfarrer solle niemals in seiner Pfarrei sterben, sondern sich vielmehr zeitig zurückziehen, um sich einem Büßerleben hinzugeben und so auf die Ewigkeit vorzubereiten. So war er der festen Überzeugung, sich im September 1843 ruhig und still zurückziehen zu können, nachdem er von der Krankheit genesen war, die ihn im Mai desselben Jahres befallen hatte. Er nahm einfach an, sein Bischof sei damit einverstanden.

Eines Morgens machte er sich um 1 Uhr in aller Heimlichkeit auf den Weg und wurde von Johannes Pertinand bis nach Dardilly begleitet. Dort wollte er im väterlichen Haus bei seinem Bruder Franz wohnen ..."

Katharina Lassagne, die uns als Vertraute Pfarrer Vianneys auch in dieser Sache wohl am besten unterrichten kann, fährt fort: „Er hatte die Absicht, bei seinem Bruder ein Zimmer zu bewohnen, das für ihn hergerichtet worden war, um dort abzuwarten, gegebenenfalls anderswohin gehen zu können ... Er hatte ausdrücklich gesagt, wenn er einmal von der drückenden Bürde seiner Pfarrei enthoben sei, wolle er nur noch dem Gebet, der Buße und der Darbringung des heiligen Opfers leben. Er seufzte schwer unter seiner seelischen Erbärmlichkeit und glaubte sich unwürdig und unfähig, seine Aufgaben als Pfarrer zu erfüllen. Dieser Seelenschmerz war groß für ihn. Er war ganz untröstlich, dass er seinen Wunsch nicht verwirklichen konnte, sich ganz aus der Seelsorge zurückzuziehen. Das hat fast die ganze Zeit seines Aufenthaltes in Ars angedauert, denn ich entsinne mich, dass er sich mit dem Gedanken trug, nachdem er kaum zwei Jahre in Ars gewirkt hatte, auf seine Pfarrei zu verzichten."

Mit seiner ersten Flucht aber war es bald zu Ende. Pfarrer Raymond suchte ihn in Dardilly auf und überbrachte ihm die Weisung des Diözesanbischofs, die dahin lautete, er könne sich eine Pfarrei nach Belieben auswählen, doch werde er ihn niemals aus den Diensten der Diözese entlassen oder freigeben.

In diesen Tagen und Wochen waren die Einwohner von Ars in großer Sorge. Sie beteten, Pfarrer Vianney möge zu ihnen zurückkehren, und waren überfroh, als sie feststellten, dass er eines Tages wieder in Ars eingetroffen war. Der Bürgermeister von Ars begrüßte ihn mit den Worten: „Herr Pfarrer, es war höchste Zeit, dass Sie wieder zurückgekehrt sind, denn ich verbrachte wegen Ihres Wegganges schlaflose Nächte …"

Zehn Jahre später. Im Jahre 1853. Wiederum packte es Pfarrer Vianney: unter allen Umständen wollte er auf seine Pfarrei verzichten und sich in die Einsamkeit zurückziehen. Katharina Lassagne berichtet:

„Das Verlangen nach Einsamkeit wurde immer stärker bei ihm." In ihrem Bericht lässt sie weiter durchklingen, dass Pfarrer Vianney zeit seines Lebens überhaupt von diesem Verlangen nie mehr frei kam. Auch diesmal setzte er das Einverständnis seines Bischofs voraus und hatte vor seinem Weggang ganz genaue Anweisungen erteilt.

Pfarrer Vianney stand in einem innigen Freundschaftsverhältnis zu P. Colin, dem Gründer der Gesellschaft Mariens. Beide waren im Priesterseminar in Lyon zusammen gewesen. P. Colin besaß ein Haus, in das sich alle Konfratres zurückziehen konn-

ten, die in sich die Berufung zu einem Leben der Einsamkeit und der Betrachtung verspürten. Dieses Haus befand sich in La Neylère, 45 km von Lyon entfernt. Die Hauptregel dieses modernen „Trappistenklosters" war das ewige Schweigen. Die Ordensgemeinschaft dieses Klosters, das am 16. Mai 1852 gegründet worden war, setzte sich aus sieben Patres und fünf Brüdern zusammen. Pfarrer Vianney, den man schon bald von dieser Neugründung in Kenntnis setzte, fasste den Entschluss, sich ebenfalls dorthin zurückzuziehen, um sein „erbärmliches Leben" zu beweinen, wie er immer wieder sagte.
P. Colin, der von den Absichten des Pfarrers von Ars unterrichtet wurde, bat diesen, nichts zu überstürzen. Dennoch ließ er für ihn eine Zelle in diesem Haus vorbereiten. Als Pfarrer Vianney seinen Plan verwirklichen wollte und Ars verlassen hatte, kam er nicht weit: bei der Brücke von Fontblin hatten ihn die Bewohner von Ars, denen die nächtliche Flucht ihres Pfarrherrn zu Ohren gekommen war, bereits eingeholt.
Inzwischen war als Vikar Abbé Toccanier, ein Diözesanmissionar, nach Ars gekommen, um Pfarrer Raymond abzulösen. Dieser war es nun, der ihm an der Brücke von Fontblin allen Ernstes zuredete und ihn innig bat, wieder mit nach Ars zurückzukehren. Inzwischen hatten alle Personen, die sich mit Abbe Toccanier hierher begeben hatten, Pfarrer Vianney einfach den Weg versperrt, so dass er nicht mehr über die Brücke konnte. Abbé Toccanier hielt bei dieser Gelegenheit eine Ansprache und führte aus: „Wie können Sie, Herr Pfarrer, der Sie das Leben der Heiligen auswendig wissen, den Eifer eines heiligen Martin vergessen, der, da er glaubte, die himmlische Krone bereits sein eigen nennen zu dürfen, ausrief: ‚Ich weigere mich nicht, weiter zu arbeiten.' ... Und Sie wollen nun von dem Schlachtfeld flüchten? ... Oder vergessen Sie etwa

das Beispiel des heiligen Philippus Neri, der gesagt hat, dass er gerne aus der Herrlichkeit des Himmels zurückkehre, selbst wenn er schon an der Schwelle des Richterstuhles Gottes stehe, sofern ein Sünder nach ihm verlange, um sich dieses Sünders anzunehmen? … Und Sie, Herr Pfarrer, wollen nun einfach die Männer und Frauen, die von allen Seiten nach Ars zu Ihnen strömen, im Stich lassen? …"

Diese eindringlichen Worte und die Bitten der Mitgekommenen veranlassten ihn schließlich, sein Vorhaben aufzugeben. Ihm wurde aber auch klar, der Teufel könne im Hintergrund stehen, der nichts anderes bewirken wollte, als ihn aus seinem großen Apostolat unter dem Vorwand herauszureißen, er müsse nach größerer Vollkommenheit streben.

Und dennoch müssen wir uns vor einem falschen Eindruck hüten. Pfarrer Vianney war ein wirklichkeitsnaher Mensch, dem nichts ferner lag, als in Methoden vergangener Zeiten zurückzufallen und danach zu handeln. Wenn sich auch das Beispiel der Wüstenväter stark auf ihn auswirkte, so stand er dennoch mit beiden Füßen auf dem Boden der Wirklichkeit und seiner Zeit. Pfarrer Vianney war zwar seinerseits ganz und gar von dem Beispiel der Wüstenväter durchdrungen, aber er lebte andererseits auch ganz in der Gegenwart.

Seine theologische Schulung war ihm von Männern zuteil geworden, die tief im Priesterideal verankert waren und ihm dies in seiner ganzen Größe zu übermitteln vermochten: Jesus Christus, der ewige Hohepriester, der sich unaufhörlich im heiligen Messopfer und der Eucharistie darbietet, dessen Stellvertreter auf Erden eben der Priester ist, dem die hohe Würde der täglichen Feier des heiligen Messopfers zuteil wurde.

Und welch ein Priester war gerade er!

Eucharistischer Eifer

Alles, was den Gottesdienst anbelangte, konnte diesem Priester nicht schön und kostbar genug sein. Einerlei, ob es sich um die Messgewänder und die Chorröcke oder um die Gestaltung der Fronleichnamsprozession handelte, nichts war ihm glanzvoll genug, um seinem ewigen Hohenpriester zu huldigen.

In seinem ganzen priesterlichen Wirken am Altar war alles nur auf das Wesentliche – auf das eine Große ausgerichtet. Alles andere war für ihn Nebensache.

Selbst in Zeiten, da er sich als Einsiedler zurückziehen zu müssen glaubte, war sein ganzes Sinnen und Trachten auf den Altar gerichtet: das heilige Messopfer war zum Inbegriff seines Lebens geworden, das er nur mit der größten Andacht und Sammlung zu feiern vermochte.

Sein eucharistischer Eifer ließ ihn die Menschen stets von neuem aneifern, oft zum Tisch des Herrn zu gehen.

Denkt man an jene Zeiten zurück, da ein Pfarrer Vianney als Seelsorger wirkte, muss es wirklich als erstaunlich erscheinen, dass er die Menschen zum öfteren Empfang der heiligen Eucharistie ermunterte, während ganz allgemein zur damaligen Zeit nur ein seltener Kommunionempfang durch die Priester empfohlen wurde.

Wie uns allen bekannt, wurde erst durch den heiligen Papst Pius X. ein Wandel herbeigeführt, so dass man ohne Übertreibung sagen kann, Pfarrer Vianney sei in dieser Hinsicht gewissermaßen ein „Vorläufer" dieses heiligen Papstes gewesen.

Wie sehr war dieser edle Priester darauf bedacht, die Anbetungsstunden vor dem Allerheiligsten in einem immer größeren Ausmaß in seiner Pfarrkirche zu halten! So gründete er für die Frauen in Ars eine Rosenkranzbruderschaft. Aufgabe ihrer Mitglieder war es, sich zu bestimmten Stunden in der Kirche zur Anbetung einzufinden. Heute sind noch die Namen jener Frauen bekannt, die sich in diesen Zeiten als besonders eifrige Seelen in Ars betätigten.

Der Tabernakel war der Zentralpunkt. Von ihm ging strahlenförmig der Segen priesterlichen Wirkens eines Pfarrers Vianney aus.

Freude am Gebet

Schon in seiner Kindheit und Jugend fand Johannes Maria Vianney eine ganz besondere Freude im Gebet. Und wie hat er erst gebetet, als in seinem Studium ein Misserfolg den anderen begleitete. Wie hat er als Subdiakon, Diakon und Neupriester gebetet! Der Inbegriff des Gebetes für ihn aber waren seit dem Tag seiner Priesterweihe die Feier der heiligen Messe und das Brevier.

Wie war dieser Priester auch in die Betrachtung versunken! In welch inniger Verbindung stand seine Seele mit Gott. Er selbst schreibt: „Je mehr man betet, um so mehr möchte man darüber hinaus noch beten … Es ist wie bei einem Fisch, der zunächst auf der Oberfläche des Wassers schwimmt, sich dann aber in die Tiefe stürzt und weiter schwimmt. Die Seele, die sich in den göttlichen Abgrund hineinversenkt, geht ganz im Verkosten der Unterhaltung mit Gott auf."

Das betrachtende Gebet war für ihn etwas Besonderes – etwas, von dem er während seines ganzen Tagewerkes durchdrungen blieb –, eben ein beständiges In-Gott-Versunkensein.

Wie war es möglich, dass dieser Priester, der sozusagen Tag und Nacht von den Pilgern, die bei ihm beichten und Rat suchen wollten, beansprucht wurde, dennoch in ein solch tiefes Gebetsleben eindringen konnte: Wie vermochte er, ungeachtet aller Last, die auf ihm lag, so ganz in Gott versunken sein? Gerade das darf man „das Wunder seines Lebens" nennen. Es war „das Verwurzeltsein seiner Tätigkeit in der Beschauung".

Pfarrer Vianney bekennt von sich: „Wie möchte ich mich ganz in Gott hinein verlieren und nichts anderes mehr finden, als in Gott zu ruhen."

Diese Worte sagte der heilige Pfarrer zu einem Herrn Gardette, die dieser bei dem Seligsprechungsprozess zu Protokoll gab.

Der Zeuge Pages erklärte seinerseits: „Er hatte sich die Gewohnheit zu eigen gemacht, aus Gott heraus in der Tätigkeit aufzugehen, wenn die Notwendigkeit es erforderte, und durch das Gebet wieder sich ganz in Gott hinein zu versenken, sobald sich ihm die Möglichkeit dazu bot."

Der Bruder Hieronymus sagte aus: „Als der Zustrom der Pilger ein solches Ausmaß angenommen hatte, dass er sich nicht mehr stundenlangen Betrachtungen hingeben konnte, wählte er sich jeden Morgen einen ganz bestimmten Betrachtungsgegenstand, auf den sein Handeln während des Tages gerichtet blieb."

Dem Abbé Dufour gestand er: „Mir verbleibt keine Zeit mehr zur regelmäßigen Betrachtung. Ich bleibe deshalb gleich zu Beginn meines Tageswerkes bemüht, mich tief in Gott hineinzuversenken, und in dieser Vereinigung verharre ich den ganzen Tag."

Pfarrer Vianney war beflissen, nach dem Grundsatz zu handeln: „Es ist gut, das Geheimnis des Königs zu verbergen."

Dessen ungeachtet entschlüpfte ihm ab und zu unbewusst ein Wort, aus dem tiefe Rückschlüsse gezogen werden konnten. So kam er eines Tages mit verklärtem Antlitz in das

„Haus der Vorsehung“ und rief bei Katharina Lassagne aus: „Welch eine Gnade! Welch ein Glück! Welch außergewöhnliches Geschehen!“

„Ei, was denn?“ fragte Katharina ihn.

„In der Kirche! In der Kirche!“

Das war alles, was er hervorzubringen vermochte, denn schon fürchtete er, zuviel gesagt zu haben.

Ein anderes Mal geschah es wieder im „Haus der Vorsehung“. Bei einer seiner kargen Mahlzeiten, die er gewohnheitsmäßig stehend einnahm, glaubte er sich allein und gewahrte nicht, dass Johanna Maria Chanay in das Zimmer gekommen war. Plötzlich hörte diese, wie er die Worte vor sich hersprach: „Wie es auch immer sein mag: seit Sonntag habe ich den lieben Gott nicht mehr gesehen.“

„Bis dahin haben Sie ihn also gesehen?“ fragte ihn Johanna Maria Chanay. Entsetzt, gehört worden zu sein, wandte er sich um und schwieg.

Alle, denen das Glück zuteil wurde, der Eucharistiefeier dieses Priesters beizuwohnen, bezeugen, wie man wahrnehmen konnte, dass sich zwischen dem göttlichen Meister und ihm geheimnisvolle Dinge vollzogen.

Dabei überschritt er die für die Feier der heiligen Messe vorgesehene Zeit keineswegs. Auch kann niemand sagen, bei der Eucharistiefeier hätte sich irgendetwas ereignet, was auf eine Ekstase schließen ließ.

Dennoch sind die Worte, die er im Jahre 1850 einmal bei der Erteilung des Religionsunterrichts gebrauchte, vielsagend: „Wir sind alle von dieser Welt, und unser Glaube zeigt uns die Dinge, als seien sie dreihundert Kilometer von uns entfernt – so, als befände sich der liebe Gott jenseits des Meeres. Hätten wir aber einen lebendigen Glauben, dann

würden wir ihn ganz sicher in dem allerheiligsten Altarssakrament sehen. Es gibt Priester, die ihn täglich während der Feier der heiligen Messe schauen."
Oft verließ Pfarrer Vianney nach der heiligen Messe den Altar mit dem Ausdruck tiefsten Glückes, das sich auf seinen Zügen widerspiegelte.
„Wenn ich ihn mit diesem außergewöhnlich glückstrahlenden Gesichtsausdruck sah", erklärte Katharina Lassagne, „dann sagte ich zu Bruder Hieronymus: Wie ist der Herr Pfarrer doch heute wieder so ganz von der Liebe Gottes durchglüht."
Dieser so völlig auf dem Boden der Wirklichkeit stehende heilige Priester wollte von so genannten „Tröstungen" nichts wissen, weil er darin ein Zurückkehren zu sich selbst erblickte: „Entbehrt man die Tröstungen, dann dient man Gott Gottes wegen, hat man aber solche, dann ist man der Gefahr ausgesetzt, sich dieser für sich selbst zu bedienen."

Erscheinungen

Der Vollständigkeit halber müssen wir noch von einer weiteren Sache im Leben dieses heiligen Priesters sprechen. Wenn das geschieht, dann nur, um den Tatsachen gerecht zu werden, nicht aber, als gehörten die Erscheinungen zur Heiligkeit. Ganz große Heilige haben niemals in ihrem Leben davon gesprochen. Auch Pfarrer Vianney nicht. Aber der liebe Gott hat es gefügt, dass sein streng gehütetes Geheimnis dennoch bekannt wurde. Am 8. Mai 1840 kam ein gewisses Fräulein Stephania Durié aus Arfeuilles nach Ars. Sie brachte eine große Geldsumme für Missionsgründungen mit, die Pfarrer Vianney so sehr am Herzen lagen. Als sie im Pfarr-

haus vorstellig wurde, war er allein in seinem Zimmer. Behutsam ging sie die Treppe hinauf und hörte von außen ein Zwiegespräch zwischen ihm und einer Person, die mit zarter Stimme sprach: „Was möchten Sie haben?“
„O meine gute Mutter“, erwiderte der Pfarrer, „ich erflehe von dir die Bekehrung der Sünder, deinen Beistand für die Bedrückten, die Stärkung der Kranken und ganz besonders jener Person, die schon seit langem leidend ist und die sich danach sehnt, entweder zu sterben oder wieder gesund zu werden.“
„Sie wird wieder gesund werden – aber erst später“, erklärte die Stimme.
Die Besucherin war von einem Krebsleiden befallen. Sie war davon überzeugt, dass die Kranke, von der der Pfarrer hier sprach, sie selbst sei. Sie trat also plötzlich durch die halboffene Tür ins Zimmer. Und was bot sich ihren Augen? Lassen wir sie selbst berichten: „Vor dem Kamin stand eine Frau von gewöhnlicher Größe, angetan mit einem glänzend weißen Gewand, mit goldenen Rosen bestickt. Ihre Schuhe kamen mir weiß wie der Schnee vor. Die Stirn war mit einer Krone von Sternen umgeben. Ich war davon ganz hingerissen und sagte ihr: ‚Meine gute Mutter, nimm mich doch mit in den Himmel.‘
‚Später!‘
‚Aber es ist doch an der Zeit, meine Mutter!‘
‚Sie werden immer mein Kind bleiben und ich stets Ihre Mutter!‘
Dann verschwand die Erscheinung.“
Sie war so hingerissen, dass es eine Weile dauerte, bis sie wieder zu sich kam. Hören wir, was die Dame weiter berichtet: „Nachdem ich wieder zu mir gekommen war, erblickte ich den Herrn Pfarrer vor seinem Tische stehend und die Hände über der Brust gekreuzt. Sein Antlitz glänzte, und sein Blick

war starr auf etwas gerichtet. Ich fürchtete, er sei tot. Ich näherte mich ihm und zupfte ihn an einer Falte seiner Soutane. Dann sagte er: ‚Mein Gott, sind Sie es wirklich?'
‚Ja, Hochwürden, ich bin es!'
Als ich diese Worte sprach, kam er zu sich und bewegte sich.
‚Wo waren Sie denn, Hochwürden? Was haben Sie gesehen?'
‚Ich habe eine Dame geschaut.'
‚Und ich auch', ergänzte ich ihn. ‚Wer ist denn diese Dame?'
‚Wenn Sie es je wagen sollten, darüber zu reden, dann dürfen Sie niemals mehr Ihren Fuß in dieses Haus setzen', sagte er in strengem Ton.
‚Muss ich Ihnen denn wirklich sagen, Hochwürden, was ich denke? Ich glaube, es war die Gottesmutter.'
‚Sie haben sich dabei nicht getäuscht … Also haben Sie sie dann (wirklich) gesehen?'
Ja, ich habe sie gesehen und mit ihr gesprochen … ' ‚Aber nun werden Sie mir sagen, in welchem Zustand Sie sich jetzt befinden, da ich glaubte, Sie seien tot?'
‚Aber nein! … Ich war überglücklich, meine himmlische Mutter zu sehen.'
‚Aber Hochwürden, Ihnen verdanke ich, dass ich sie gesehen habe! Wenn sie wieder einmal kommen sollte, dann weihen Sie mich ihr doch,
damit sie mich ihrem göttlichen Sohn darbringt.'
Der Diener Gottes versprach es und fügte hinzu:
‚Sie werden gesund …',Aber wann, Hochwürden?'

‚Erst später, aber fragen Sie mich darüber nicht länger aus.'
Und in väterlichem Ton fügte er hinzu: ‚Mit der Gottesmutter und der heiligen Philomena sind wir wohl vertraut.'"

Und in der Tat: Stephana Durié wurde dreieinhalb Monate später in Ars von ihrem Krebs geheilt: am 15. August 1840. Dieser Bericht von Fräulein Durié ist in den Akten des Seligsprechungsprozesses enthalten.
Dieses Vorkommnis allein genügt, um zu erklären, was Pfarrer Vianney einem angesehenen Besucher eines Tages im Pfarrhaus sagte, indem er auf eine bestimmte Stelle seines Zimmers hinwies:
„Wüsste man, was sich dort vollzogen hat, dann würde man seinen Fuß nicht mehr auf diese Stelle zu setzen wagen."
Die umgewandelte Liebe Gottes bei einem Heiligen, ganz besonders, wenn es sich um einen Priester handelt, muss sich uns unter dem doppelten Aspekt einer restlosen Hingabe an den göttlichen Willen und einer unbegrenzten Liebe zu den Seelen zeigen.
Beides finden wir bei dem Pfarrer von Ars. In der Tat: er hat nur gelebt, geatmet und gearbeitet, um Gott zu lieben und andere ihn lieben zu lehren. Nur das hat er gewollt, mit allen Kräften seiner Seele, seiner ganzen Energie und seinem ganzen Vermögen. Man könnte auch nicht ein einziges Wort von ihm zitieren, das etwas anderes besagte, ohne irgendeinen anderen Wunsch zum Ausdruck zu bringen.

Liebe zu den Seelen

Nur wer als Priester aus Erfahrung weiß, was es heißt, den Menschen die Beichte abzunehmen, kann ermessen, was ein Pfarrer Vianney zeit seines Priesterlebens erduldet hat. Welch beständige Aufmerksamkeit, Geduld, Sanftmut, Güte, welches Eingehen auf das, was ihm vorgetragen wurde, kurzum: welche Liebe er den Seelen gegenüber im Beichtstuhl zum Ausdruck gebracht hat.

Er hatte schon recht, wenn er gegen Ende seines Lebens aufseufzend ausrief: „Die Sünder werden es noch dahin bringen, den armen Sünder zu töten.“ Seine liebe zu den Seelen aber hat sich noch in einer Art und Weise offenbart, die wir nicht verschweigen dürfen.
Sein Bestreben ging dahin, alle Pfarreien zugleich zu missionieren. Sein Seeleneifer sollte nicht an den Grenzen der eigenen Pfarrei enden. Das wurde auch nicht anders, als die Menschen von auswärts in Scharen zu ihm hinströmten und ihre Zahl ständig wuchs.
Kein Wunder, dass alle, die diesen ganz Gott hingegebenen und uneigennützigen Priester sahen, ihm mit vollen Händen Gaben für seine kirchlichen Vorhaben zukommen ließen. Außer den Werken, die wir in dieser Schrift aufgezählt haben, lag dem Pfarrer von Ars besonders die Gründung von Missionszentren am Herzen, nicht nur in überseeischen Gebieten, sondern auch in den Pfarreien. Er war der Meinung, dass in jeder Pfarrei mindestens alle zehn Jahre eine Mission gehalten werden sollte.
Pfarrer Vianney hatte sich sogar ein ganz bestimmtes Finanzierungsprogramm zurechtgelegt, wodurch dieses Vorhaben in den einzelnen Pfarreien verwirklicht werden konnte.
Und wie verstand er es, die Pilger in Ars für diesen Gedanken zu begeistern und sie opferfreudig zu machen! Eine Dame, die ihm erstmals 50 Franken für diesen Zweck gab, erkannte schon bald die außergewöhnliche Wichtigkeit und Notwendigkeit dieser Pfarrmission und wies ihm danach weitere 6000 Franken für diesen Zweck an, die es ermöglichten, auf lange Zeit die Mittel für regelmäßige Missionen in zwei Pfarreien in Abständen von je zehn Jahren bereitzustellen. Sooft es ihm vergönnt war, seiner zuständigen Bi-

schofsbehörde Mittel zu einer Pfarrmission zu übergeben, fühlte er sich überaus glücklich.

Eines Morgens fragte Pfarrer Vianney den Bruder Athanasius in der Sakristei: „Sind Sie heute Morgen früh aufgestanden?"

„Wie gewöhnlich", antwortete der Bruder.

„Schade! Hätten Sie es gemacht wie ich, dann hätten Sie einen ausgezeichneten Tag gehabt: man hat mir heute wieder den Betrag für die Gründung einer Pfarrmission und noch darüber hinaus gegeben. Als ich heute Nacht das Pfarrhaus verließ, erwartete mich ein junger Mann, der mir 1000 Franken zu diesem Zweck in die Hand drückte. Dann gab mir in der Kirche eine andere Person eine noch höhere Summe, und eine dritte kam mit einem noch größeren Betrag."

„Und dabei war es erst morgens 7 Uhr, als mir der Herr Pfarrer das erzählte", fügte der Bruder hinzu.

Anschließend begab er sich zum Altar, um im heiligen Messopfer dem lieben Gott für all den Segen zu danken, der ihm schon in den frühen Morgenstunden zuteil geworden war.

Ein andermal, im Juli 1855, machte er seiner Gewohnheit gemäß den in Ars ansässigen Missionaren einen kurzen Besuch. Als der Missionar Monin ihn kommen sah, rief er aus: „Aber, Herr Pfarrer, Sie strahlen ja vor Glück!"

„Das will ich glauben: heute früh habe ich entdeckt, dass ich mit 200.000 Franken (etwa 80.000€) ein reicher Mann bin. Übrigens: ich habe das Geld der besten Bank der Welt anvertraut, den drei reichsten Personen, die es überhaupt gibt."

„Und wer sind denn diese?"

„Die drei Personen der Allerheiligsten Dreifaltigkeit."

Es war zur damaligen Zeit nicht Brauch, dass der Pfarrer einer so kleinen Pfarrei wie Ars zum Domherrn ernannt wurde. Aber Ars war inzwischen alles andere denn eine kleine Pfarrei.

Der Diözesanbischof Chalandon legte Gewicht darauf, persönlich nach Ars zu kommen, um Pfarrer Vianney seine Ernennung zum Domherrn von Belley zu überbringen.
Da der Bischof aber den Pfarrer kannte, glaubte er klug zu handeln, unangemeldet in Ars zu erscheinen, weil er fürchtete, andernfalls mit dem Widerstand des heiligen Priesters rechnen zu müssen.
Am 25. Oktober 1852 erschien der Bischof mit seinem Generalvikar in Ars. Der Pfarrer war gerade im Beichtstuhl. Er verließ diesen sofort, als ihm berichtet wurde, der Bischof sei gekommen, und begab sich an den Kircheneingang, um ihn zu begrüßen.
Nach der Begrüßung zog der Bischof etwas aus seinen Gewändern hervor, was er bis dahin verborgen gehalten hatte. Pfarrer Vianney begriff, dass der Bischof ihn zum Domherrn machen wollte. Er wehrte sich dagegen und flehte ihn an, davon abzusehen. Dieser aber ließ sich nicht erweichen, nahm den mitgebrachten Domherrenumhang und legte ihn dem Pfarrer um die Schultern. So stand also der neue Domherr mit seinem Bischof in der Kirche. Dabei erweckte er den Eindruck eines Verurteilten.
Nachdem der Bischof abgereist war und der neue Domherr wieder ruhig überlegen konnte, kam er zu dem Entschluss, es sei wohl am besten, den Domherrenumhang zu verkaufen und den Erlös für seine geliebten Pfarrmissionen zu verwenden. In der Tat: eine gutmütige Frau erklärte sich bereit, diesen für den Betrag von 50 Franken zu erwerben. Er glaubte aber doch, seinen Bischof von diesem Handel unterrichten zu müssen. In seinem Brief heißt es: „Möge der Hochwürdigste Herr Bischof doch Verständnis für mein Handeln haben und mir einen andern (Umhang) zukommen zu lassen, damit ich

auch diesen wieder zu Geld machen kann."
Drei Jahre später. Der Unterpräfekt von Trévoux hatte bei der Regierung darum gebeten, dem Domherrn Vianney das Kreuz der Ehrenlegion zu verleihen. Als ihm dieses überreicht wurde, nahm er es an, weil er nicht anders konnte. Nur war er traurig, dass er nicht auch dieses für seine Missionszwecke verkaufen konnte.
Eines Tages sagte er: „Wenn es darum geht, etwas für die Gottesmutter zu tun, dann könnte ich mich selbst verkaufen – ja, wirklich, ich würde mich verkaufen!"
Dieser edle Priester wurde von einem wahren Seeleneifer verzehrt, der ihn zu den schwersten Opfern bereit machte. Interessieren dürfte: bis zum Ende seines Lebens war genügend Geld für regelmäßige Pfarrmissionen in hundert Pfarreien in Abständen von je zehn Jahren zusammengekommen.
Seinem Bischof konnte er nicht weniger als 300.000 Franken (120.000€) zur Verfügung stellen.

„Ich muß sterben"

„Seit seinem letzten Fluchtversuch aus Ars im Jahre 1853", so schreibt Katharina Lassagne, „hat unser heiliger Pfarrer kaum mehr von einem Weggehen gesprochen, es sei denn von seinem Heimgang in die Ewigkeit.

Immer wieder sagte er: ‚Wir müssen uns nun auf den Weg machen. Ich muss sterben – bald sterben!' Es erweckte den Eindruck, als lebe er im beständigen Gedanken an den Tod. Sein Gesundheitszustand wurde von Tag zu Tag schlechter. Dessen ungeachtet setzte er seine Arbeiten und Nachtwachen fort, denn seit mehreren Jahren hörte er im Winter bis 19 Uhr Beichte, und im Sommer blieb er noch länger im Beichtstuhl. Nicht einen einzigen Augenblick Zeit verlor er."

Wie uns die Unterlagen beweisen, nahm der Pilgerstrom nach Ars gegen Ende seines Lebens keineswegs ab, sondern wuchs von Jahr zu Jahr. Im Jahre 1853 erreichte die Zahl der Arspilger 100 000, ja, diese Zahl wurde sogar noch überschritten. Täglich kamen im Durchschnitt 260 Menschen nach Ars, so dass man schon aus dieser Tatsache allein ersehen kann, welch gewaltige Last auf Pfarrer Vianney im Beichtstuhl lag.

Eine ganz große Freude war es für ihn, als Pius IX. am 8. Dezember 1854 das Dogma der Unbefleckten Empfängnis verkündete. Wie groß war doch seit eh und je gerade seine Verehrung für die unbefleckt empfangene Gottesmutter!

An diesem Festtag schritt er mit dem kostbarsten Messgewand der Kirche von Ars an den Altar. Obwohl damals gesundheitlich schon außerordentlich geschwächt, ließ er sich nicht davon abbringen, ein feierliches Hochamt zu zelebrieren.

Noch eine weitere Freude wurde dem edlen Priester Ende 1858 zuteil: in seiner eigenen Pfarrei fand eine Pfarrmission statt. Er war zwar schon zu schwach, um mit den Missionaren von Familie zu Familie zu gehen. In einem Brief an seine Pfarrkinder entschuldigte er sich deshalb. Dieser Brief war gleichsam das Abschiedswort des Hirten an seine Herde: „Früher kam ich selbst zu Euch. Niemals habt Ihr mir irgendetwas verweigert … Heute ist es der Missionar, der Euch aufsucht, aber nehmt ihn so auf, als sei ich es selbst. In Gedanken komme ich mit ihm zu Euch … Oh, es sind noch Sünder in der Pfarrei. Ich muss sterben, damit ein anderer kommt, um diese zu bekehren."
Aber auch der Gedanke an seinen Tod konnte ihn nicht davon abhalten, weiterhin große Pläne zu hegen. Noch Ende 1858 gab er dem Architekten Bossan von Lyon den Auftrag, einen Plan für eine schöne Kirche zu Ehren der heiligen Philomena zu entwerfen. Er wollte etwas besonders Schönes haben. Am 2. April 1859 eröffnete er die Subskription für diesen Kirchenbau und spendete selbst 1000 Franken. Der Bau wurde nach dem Tod des Pfarrers Vianney errichtet und ist heute noch als Basilika von Ars vorhanden. Pfarrer Vianney schien sein Ende nahen zu fühlen. Zu Fronleichnam 1858 hatte man ihm ein kostbares Paramentenstück geschenkt, und Katharina Lassagne sagte zu ihm: „Herr Pfarrer, dies wertvolle Tuch wird Ihnen für die Fronleichnamsprozession gute Dienste leisten und als Unterlage für die Monstranz dienen können."
Er antwortete lächelnd: „Ich werde das Allerheiligste Sakrament keine zweimal mehr tragen."
In der Tat: die Fronleichnamsprozession 1858 konnte er noch halten, aber bei der Feier dieses Festes im Jahre 1859

war er schon so schwach, dass er sich damit begnügen musste, an den Sakramentsaltären nur noch den Segen mit der Monstranz zu spenden.
Als Katharina Lassagne im Jahre 1858 sich nach Cibeins begab, um dort eine kleine Rente entgegenzunehmen, die Pfarrer Vianney gewährt worden war, sagte er zu dieser: „Das ist das letzte Mal, dass ich diese Rente entgegennehmen werde." Und einen Augenblick später fügte er bei: „Ja, es wird das letzte Mal sein!"
„Schon längere Zeit wurde er von einem Husten heimgesucht", fährt die getreue Katharina Lassagne weiter, „der ihm sehr zusetzte. Zeitweise wurde es damit zwar besser, aber 1859 wurde er so schlimm und hartnäckig, dass kein Mittel ihn mehr zu lindern vermochte. Es war schrecklich, ihn husten zu hören und nicht helfen zu können. Wenn ihn die Hustenanfälle im Beichtstuhl überfielen, musste er vorübergehend aussetzen. Eines Tages erklärte er jemandem, er bedauere die Zeit, die durch seinen Husten unnütz verloren gehe ..."
Andere Augenzeugen berichten, bei den schlimmen Hustenanfällen seien ihm die Tränen in die Augen getreten. So liegt beispielsweise der Bericht des Journalisten Georg Seigneur vor, der am 20. August 1859, also 16 Tage nach dem Tod des heiligen Pfarrers, schrieb: „Im März dieses Jahre legte ich selbst den Weg auf der Straße von Villefranche (nach Ars) zurück. Die ganze Straße war voller Pilger. Die einen befanden sich auf dem Weg nach Ars, die andern kamen zurück ... Ich werde niemals den schlichten und feierlichen Anblick vergessen, der sich mir bot, als ich in das Dorf kam.
Zahlreiche Pilger, die in der Kirche keinen Platz mehr finden konnten, standen am Eingang und in den anliegenden Gässchen, um zu warten, bis auch sie in die Kirche eintreten

konnten. Das Bildnis des Pfarrers Vianney war überall in den Schaufenstern zu finden: bald wie er den Kindern Katechismusunterricht erteilt, bald wie er den Kranken einen Besuch abstattet. Mitten unter den Rosenkränzen, Medaillen und Kerzen stand es.

Es war 16 Uhr, als ich die Kirche betrat. Der Pfarrer befand sich im Beichtstuhl. Kaum hatte ich mich niedergekniet, da hörte ich ein Aufschluchzen, das ich nicht wiederzugeben vermag. Es kam aus dem Beichtstuhl. War es ein Aufschrei des Reueschmerzes? War es ein Aufschrei der Liebe zu Gott? Alle zehn Minuten wiederholte es sich. Die unsagbar große Ermüdung des Pfarrers von Ars verursachte das. Aber dieser Schmerzensschrei wurde zu einem Schrei der Liebe. Es war das Verlangen einer atemberaubten Seele, die sich Zugang zum Himmel verschaffen wollte.

Seit 2 Uhr morgens befand sich der Pfarrer von Ars schon im Beichtstuhl und hörte bald die Männer, bald die Frauen und Kinder Beichte. Nur zweimal hatte er das Beichthören unterbrochen: das erste Mal, um die heilige Messe zu zelebrieren, und das zweite Mal nach einer Unterweisung von der Kanzel, um die einzige Mahlzeit des Tages, etwas Suppe, zu sich zu nehmen und sich anschließend zehn Minuten Ruhe zu gönnen, vielleicht auch noch um ein Viertelstündchen zu plaudern.

Nun war es soweit, dass er in einigen Minuten die Segensandacht hielt, um dann vom Altar aus den Religionsunterricht zu erteilen, bis 21 Uhr wieder Beichte zu hören, sich ins Pfarrhaus zurückzuziehen, und um 1 Uhr sich wieder zu erheben. Das war sein Leben Tag für Tag – Nacht für Nacht.

Gegen fünf Uhr morgens kam die Menschenmenge in Bewegung. Ich sah einen Greis aus dem Beichtstuhl kommen,

angetan mit einer zerrissenen Soutane und einem groben Chorrock. Er war völlig abgemagert. Sein Gesicht hatte die Form eines Herzens ... eine breite Stirne, unter der zwei glänzende Augen wie Diamanten leuchteten. Sein schneeweißes Haar glich einem Diadem von Linnen.
Statt dass die anwesende Volksmenge ihm nun Platz gemacht hätte, stürzte sich alles auf ihn. Jeder wollte seinen Chorrock, seine Soutane, seine Haare oder seine knöchernen Hände berühren.
Oft schwankte er durch den Druck der Menschenmenge hin und her, und ich fürchtete, er könne jeden Augenblick zu Boden fallen. Er ließ alles ganz schlicht, sanftmütig und demütig über sich ergehen und sucht sich einen Weg zu bahnen, ohne irgendjemanden beiseite zu schieben ...“ Seine persönliche Begegnung mit dem Pfarrer schilderte er wie folgt:
„Am Abend unterhielt ich mich mit ihm ... Was ich zu sagen vermag, ist der übernatürliche Glanz, der von dieser Seele ausgeht. Der Glanz, der sich auf dem ganzen Antlitz widerspiegelt und aus seinen Blicken leuchtet. Noch sehe ich ihn vor mir, wie er sich auf den Tisch in der Sakristei stützt, und noch stehe ich ganz unter dem Eindruck von der Ähnlichkeit dieses Mannes mit der Person unseres Herrn und Heilandes Jesus Christus, dem gegeißelten und hingemarterten Gottessohn. In diesem Bild erschien mir der Erlöser mit seinem zerfetzten Leib, der nur durch einen Schleier verhüllt war, seiner sichtbar gewordenen Knochen, der zum Beschauer hingewandte Blick, um ihm das Wort des Erlösers ins Gedächtnis zu rufen: ‚Sie haben alle meine Gebeine gezählt.‘“
Georg Seigneur schließt seinen Bericht mit den Worten: „Mit allen Kräften war er bestrebt, seinem Meister zu folgen, und so wurde der Pfarrer von Ars ihm ähnlich. In ihm vereinigten

sich Leid und Freude. Stirne und Wangen waren durchfurcht und schienen zeitweilig einen drückenden Schmerz zum Ausdruck zu bringen. Plötzlich aber raffte er sich wieder auf, sein Gesicht leuchtete, die Furchen seines Gesichtes belebten sich, und seine Haut verwandelte sich. Sie wurde zart wie eine Kinderhaut. Aus seinen Augen strahlte ein Flammenlicht auf, das den Augenblick nicht zu erwarten vermochte, in den Himmel zu kommen.

So habe ich den Pfarrer von Ars erlebt, sei es in der Öffentlichkeit, sei es privat, das fleischgewordene Wort in sich verkörpernd in seinem ganzen Schmerz und in seiner Glorie und gleichsam wie in einem Spiegel bald das eine, bald das andere zur Schau tragend: bald den Kalvariaschmerz – bald die Taborherrlichkeit …"

Der Sommer des Jahres 1859 war besonders heiß und nur sehr schwer zu ertragen. Über der Landschaft von Ars lag eine drückende Luft. Dessen ungeachtet nahmen die Pilger immer noch ihren Weg nach Ars, denn sie fürchteten, bald werde ihnen Pfarrer Vianney durch den Tod entrissen. Ihre Zahl nahm ständig zu. Tatsächlich schwanden die Kräfte des Pfarrers Vianney mehr und mehr dahin.

Seine Stimme war so schwach geworden, dass man ihn kaum mehr zu verstehen vermochte, wenn er seinen täglichen Religionsunterricht erteilte … Eines Tages sagte er zur getreuen Katharina Lassagne: „Wenn ein Priester durch alle Mühsale und Arbeiten, die er der Seelen wegen auf sich genommen hat, zum Sterben kommt, dann ist es nicht schlecht um ihn bestellt."

„Dabei machte er einen solch zufriedenen Eindruck", fährt Katharina fort, „dass man spürte, er sehne sich danach." Die Zeiten waren also für ihn vorbei, sich nach dem Tod eines

Einsiedlers zu sehnen, er wollte den Tod eines Märtyrers sterben. Er wollte in den Sielen sterben.
Tatsächlich kam jener Tag, da er, vom Husten gefoltert, von der Hitze überwältigt und unter der Last der Beichtenden fast erdrückt, nicht mehr konnte und sich gezwungen sah, die Kirche zu verlassen, um sich zehn Minuten im Hof zu ergehen und auszuruhen. Katharina Lassagne berichtet darüber: „Am Abend kam er mit dem Bruder Hieronymus ins Pfarrhaus zurück. Ich ging hin, um nachzusehen, ob er etwas essen wollte. Die Sonne war schon untergegangen, und er war sehr müde …
Wir zogen uns zurück und ließen ihn allein, taten es aber nur schweren Herzens. Gegen ein Uhr klopfte er. Ich kam als erste zu ihm. Als ich ihn fragte, wie es gehe, erwiderte er: „Es geht mit mir zu Ende. Sie müssen den Pfarrer von Jassans rufen." Dieser war sein Beichtvater.
Kurz darauf sagte er zu Bruder Hieronymus:
„Es geht zu Ende."
Am Morgen kamen sowohl der Pfarrer von Jassans als auch der Arzt. Der letztere erklärte: „Wenn das Fieber zurückgeht, besteht noch Hoffnung. Hält es aber an, dann werden wir ihn verlieren."
Aber das Fieber wich nicht. Seine Worte waren nur noch ein Hauch. Man riet ihm, sich die heiligen Sterbesakramente spenden zu lassen. Er bat, dies sofort zu tun.
Beim Empfang seiner letzten heiligen Kommunion weinte der Pfarrer von Ars vor Freude. Katharina Lassagne schreibt: „Sein Glaube an unseren Herrn und Heiland war ja so lebendig. Schon bevor das Allerheiligste in sein Zimmer gebracht wurde, war er tief bewegt, und die Tränen rannen ihm über die Wangen. Bruder Hieronymus fragte ihn nach

der Ursache seiner Tränen, und er erwiderte: ‚Oh, wenn man daran denkt, dass man zum letzten Mal den liehen Gott hienieden empfängt …‘

Was ihn aber noch viel mehr rührte, war der Gedanke an die Güte Gottes: ‚Wie gut ist doch der liebe Gott‘, hauchte er dahin. ‚Wenn man nicht mehr zu ihm kann, dann kommt er zu uns.‘“

Vom Kirchturm aus ertönte die Glocke, um das Volk in die Kirche zu rufen.

Der Beichtvater des Sterbenden, „begleitet von etwa zwanzig Priestern, die aus der Umgegend herbeigeeilt waren, brachte dem Heiligen zum letzten Mal den Leib des Herrn“.

Tiefe Ergriffenheit lag über allen, während die heilige Kommunion dem Sterbenden gereicht und ihm anschließend die heilige Ölung gespendet wurde.

Als der Bischof von Belley am Abend des 3. August erfuhr, der Pfarrer von Ars liege im Sterben, machte er sich sofort auf den Weg, um ihn noch ein letztes Mal zu sehen.

Pfarrer Vianney sagte dem Bischof in herzlichen Worten seinen Dank für alles, was er ihm erwiesen habe. Dann begab sich der Bischof in die Kirche und forderte das Volk auf, für den Sterbenden zu beten.

Es schien, als sei Johannes Maria Vianney ununterbrochen in Gott versunken. Die in Ars anwesenden Missionare hielten bei ihm Wache. Am 3. August gegen 22 Uhr glaubten sie, sein Ende stehe unmittelbar bevor, und Abbé Toccanier erteilte ihm den für die Sterbestunde vorgesehenen vollkommenen Ablass in articulis mortis.

Wirklich, der Todeskampf begann. Um Mitternacht reichte Abbé Monnin dem Sterbenden das Kruzifix zum Küssen und begann langsam die Sterbegebete zu sprechen. Inzwischen

war er bei den Worten angekommen: „Mögen die heiligen Engel ihm entgegenkommen und ihn in das himmlische Jerusalem einführen“, da entschlief der getreue Arbeiter Christi ohne Todeskampf sanft im Frieden des Herrn. Es war 2 Uhr morgens, am 4. August 1859, gerade in dem Augenblick, da sich ein schweres Gewitter mit grollendem Donner und aufzuckenden Blitzen über Ars entlud.
Der heilige Priester war 73 Jahre, 2 Monate und 27 Tage alt geworden. Seit 41 Jahren, fünf Monaten und 23 Tagen war er Pfarrer von Ars gewesen.

Um eine Heiligen zu ehren

Die Nachricht vom Tod des Pfarrers von Ars ging in Windeseile durch ganz Frankreich. Aus allen Orten der Umgebung strömten die Menschen nach Ars. Die Geistlichen schickten sich an, in Prozessionen mit ihren Gläubigen an die Totenbahre des Heiligen zu kommen – alle Welt sprach schon in diesen Tagen nur von dem Heiligen.
Die Totenglocke wurde nicht nur in Ars geläutet, sondern auch in allen Kirchen der ganzen Umgegend.
Zwei Tage lang zogen die Menschen an der aufgebahrten Leiche des Pfarrers von Ars vorüber, der friedlich schlummernd mit einem majestätischen Gesichtsausdruck dalag, den ihm der Tod verliehen hatte. Die Läden wurden gestürmt, um alles Erreichbare von und über den Pfarrer von Ars mit nach Hause zu nehmen, nachdem man es an seinem Leichnam angerührt hatte. Zwei Brüder und zwei Schüler standen am Sarg und nahmen alle Gegenstände entgegen, die angerührt werden sollten. Der Zustrom der Fremden war so groß, dass nicht genug Nahrungsmittel in Ars aufzutreiben waren, um alle zu sättigen, und die meisten von ihnen mussten im Freien übernachten.
Die Beerdigung fand am 6. August, morgens um 8 Uhr, statt. Der Bischof selbst war mit 300 Geistlichen erschienen, um die Beisetzung des heiligen Pfarrers vorzunehmen.
Nachdem der Leichenzug durch das Dorf Ars gezogen war, wurde der Sarg auf dem Platz hinter der Kirche aufgestellt. Kein Auge blieb trocken, als der Bischof das Wort ergriff. Er führte in seiner Ansprache aus: „… Wie lange Jahre, wie viele Jahrhunderte sind vergangen, dass man ein Priesterle-

ben in einer solchen Fruchtbarkeit und unter ähnlichen Voraussetzungen erlebt hat – ein so heiliges Leben – ein so ununterbrochen ganz im Dienste Gottes verzehrtes Leben! … Ein Pfarrer von Ars wird nicht zu ersetzen sein. Ganz Frankreich hat einen Priester verloren, der ihm Ehre gemacht hat und den man von allen Seiten aus dem ganzen Land aufsuchen und um Rat fragen kam."

Dann fand das Requiem in der Kirche statt, wo außer den Geistlichen und den Vertretern der Behörden nur noch die Angehörigen Platz finden konnten. Nachdem mitten in der Kirche ein ausgemauertes Grab errichtet war, erfolgte die Beisetzung am 14. August. In diesem Grab ruhte der Leichnam des Heiligen, bis er 1904 in den Reliquienschrein gelegt wurde, der noch heute den Pilgern zugänglich ist.

Der Pilgerstrom nach Ars nimmt kein Ende, nur hat er andere Formen als zu Lebzeiten des Heiligen angenommen. Alles strömt zu seinen Reliquien, um seine Fürbitte am Thron Gottes zu erflehen. Sein Seligsprechungsprozess wurde bereits im Jahr 1862 eingeleitet. 200 Sitzungen waren notwendig. Er konnte 1865 abgeschlossen werden. Das Seligsprechungsdekret wurde am 17. April 1904 veröffentlicht. Nicht weniger als siebzehn Wunder wurden zur Beurteilung nachgewiesen, aber die Kirche beschränkte sich darauf, nur zwei davon auszuwählen und diese als solche anzuerkennen. Die feierliche Seligsprechung des Pfarrers von Ars erfolgte am 8. Januar 1905. Für die Heiligsprechung wurden der Kirche zwei weitere Wunder auf Fürbitte des Heiligen vorgelegt. Die feierliche Heiligsprechung fand am 31. Mai 1925 statt. Papst Pius X., der selbst einmal Landpfarrer war und nun als Heiliger verehrt wird, hat den Pfarrer von Ars seliggesprochen. Papst Pius XI. sprach ihn heilig.